KB199892

not a fan.

팬인가, 제자인가

오늘, **제자로 살기**

Not a Fan Daily Devotional

Copyright © 2016 by Kyle Idleman
Originally published in English as *Not a Fan Daily Devotional*
by Zondervan, Grand Rapids, MI, U.S.A.
All rights reserved.

This Korean translation edition © 2017 by Duranno Ministry, Seoul, Republic of Korea
Published by arrangement with The Zondervan Corporation L.L.C., a division of
HarperCollins Christian Publishing, Inc. through rMaeng2, Seoul, Republic of Korea

오늘, 제자로 살기

지은이 | 카일 아이들먼
옮긴이 | 정성묵
초판 발행 | 2017. 1. 23
4쇄 발행 | 2020. 10. 7.
등록번호 | 제1988-000080호
등록된 곳 | 서울특별시 용산구 서빙고로65길 38
발행처 | 사단법인 두란노서원
영업부 | 2078-3333 FAX | 080-749-3705
출판부 | 2078-3332

책값은 뒤표지에 있습니다.
ISBN 978-89-531-2754-8 04230
       978-89-531-2759-3 04230(세트)

독자의 의견을 기다립니다.
tpress@duranno.com   www.duranno.com

두란노서원은 바울 사도가 3차 전도 여행 때 에베소에서 성령 받은 제자들을 따로 세워 하나님의 말씀으로 양육
하던 장소입니다. 사도행전 19장 8-20절의 정신에 따라 첫째 목회자를 돕는 사역과 평신도를 훈련시키는 사역,
둘째 세계선교™와 문서선교⁽단행본·잡지⁾ 사역, 셋째 예수문화 및 경배와 찬양 사역, 그리고 가정·상담 사역 등을 감
당하고 있습니다. 1980년 12월 22일에 창립된 두란노서원은 주님 오실 때까지 이 사역들을 계속할 것입니다.

not a fan.
팬인가, 제자인가

오늘,
제자로 살기

카일 아이들먼 지음
정성묵 옮김

두란노

■

남김 없이(No Reserves)

후퇴 없이(No Retreats)

후회 없이(No Regrets)

그리스도를 따르려는 이들에게
이 책을 바친다.

Part 1

예수님을 따르는 25일
가장 행복한 부르심,
나를 따르라

Part 2

나를 부인하는 25일
가장 고통스런 부르심,
자기를 부인하라

Part 3

제자로 살아가는 25일
가장 충격적인 부르심,
와서 죽으라

Part 1

가장 행복한 부르심,
나를 따르라

Follow me

예수님을 따르는
25일

예수님을 따르는
25일

헌신된 '제자'가 되는 법을 배우는 것이 여행의 진정한 출발점이다. 어서 영적 리더가 되고 싶은 욕심에 앞서나가기 쉽다. 영적 삶을 확실히 변화시켜 주는 25일짜리 실천 계획들을 세우는 것이 더 생산적으로 느껴질지도 모르겠다. 하지만 영적 리더의 길은 어디까지나 주님을 따르기로 결심하고 매일 그 결심대로 살아가는 것이 무슨 의미인지를 배워나가는 데서 시작된다.

많은 크리스천과 교회들이 제자 양성을 하나의 프로그램이나 커리큘럼으로 전환하려고 애를 쓴다. 그런 도구가 도움이 될 수는 있지만 진정으로 헌신된 제자들은 바로 선생을 바짝 따라가는 사람들이다. "여호와께서 네게 구하시는 것은 오직 … 네 하나님과 함께 행하는 것이 아니냐?"(미 6:8)

이 여행의 처음 25일 동안에는 그저 예수님과 더 깊은 관계로 나아가기를 바란다. 그분을 더 깊이, 새롭게, 혹은 처음으로 알기를 바란다. 그렇게 그분을 더욱 친밀히 앎으로 인해 그분을 더욱 열정적으로 따라가기를 바란다. 그런 의미에서 각 글의 끝에 '오늘 주님을 따르기' 위한 실질적인 방법들을 제시하는 매일의 도전을 두었다.

현재 신앙의 여정에서 어느 지점에 있든 예수님을 향해 다음 발자국을 내딛기 바란다. 세상 누구도 아직 목적지에 도착하지 않았다. 예수님과의 관계가 더 깊어질수록 더 헌신적인 제자가 되리라 확신한다.

Day 1

인생에서
가장 중요한 질문

이에 예수께서 제자들에게 이르시되 누구든지 나를 따라오
려거든 자기를 부인하고 자기 십자가를 지고 나를 따를 것
이니라. 누구든지 제 목숨을 구원하고자 하면 잃을 것이요
누구든지 나를 위하여 제 목숨을 잃으면 찾으리라.
- 마태복음 16:24-25

"당신은 예수님의 제자인가?" 이 질문은 당신 평생에 가장
중요한 질문이며, 이 여행의 출발점으로 제격이다. 다시 묻겠
다. "당신은 예수님의 진짜 제자인가?"

익히 들어본 질문일 것이다. 사실, 귀에 못이 박이도록 들
어서 흘려듣기 쉬운 질문일 수도 있다. 우리가 이 질문을 무
시하는 것은 듣기 거북하기 때문이 아니다. 특별히 찔리는 데

가 있기 때문도 아니다. 우리가 이 질문을 무시하는 것은 불필요하다고 생각하기 때문이다. 꽤 중요한 질문이기는 하지만 당신 같은 열성 크리스천에게 답할 필요조차 없는 질문이다. 당신한테 그렇게 묻는 것은 보스턴의 선술집에서 "혹시 여기 레드 삭스(Red Sox, 보스턴 프로야구팀) 팬이 있나요?"라고 묻는 것이나 다름없다. 분명 중요한 질문이기는 하지만 당신에게는 이미 오래 전에 답을 내린 부분이다. 그래서 이 질문을 훑고 나서 곧바로 머릿속에서 지워 버린다. 하지만 조금만 참고 내가 던지지 않은 질문들을 고민해 보면 좋겠다.

나는 다음과 같은 질문을 던지지 않았다. 나는 당신이 교회에 다니는지 혹은 당신의 부모나 조부모가 크리스천인지 묻지 않았다. 나는 설교가 끝날 무렵 손을 높이 들어 본 적이 있는지 혹은 설교자의 기도를 따라한 적이 있는지 묻지 않았다. 여름 성경학교나 성경 캠프에 열심히 참석하는지 혹은 신앙 문구가 적힌 티셔츠를 입고 다니는지 혹은 '안전한 여행을 위한 기도'(traveling mercies)나 '성경 빨리 찾기 게임'(sword drill)과 같은 말의 뜻을 아는지 묻지 않았다.

무슨 말이냐면, 예수님을 따르는 제자라고 자신 있게 말하면서 그 말의 진정한 의미는 모르는 사람이 수두룩하다는 것이다. 성경에서 가장 섬뜩한 메시지 중 하나는 우리가 아무리 예수님의 제자를 자처해도 정작 심판 날 그분이 우리를 모른 체하실 수 있다는 것이다. 예수님은 모든 사람이 하나님 앞에 서게 될 날에 관해 말씀하셨다. 그날 많은 '자칭' 크리스천들이 예수님 앞에 당당히 섰다가 "나는 너를 모른다. 썩 물러가라"는 호통만 듣고 아연실색할 것이다. 내 생각이 아니다. 분명 성경에 그렇게 쓰여 있다. 믿지 못하겠다면 직접 마태복음 7장 21-23절을 읽어 보라.

당신이 예수님의 제자라고 착각하고 있든 실제로 그분과 충성스럽게 동행하고 있든, 이 책과 함께 여행하는 시간이 그분을 완벽하게는 아닐지라도 전심으로 따르겠다는 결심을 하는 시간이 되기를 바란다. 그리고 우리가 하나님의 은혜로 제자로 초대받았다는 사실을 기억하라. 은혜로 초대를 받았으니 그 은혜가 우리에게 때마다 필요한 힘을 줄 것이다.

오늘의 따름

처음 예수님을 따르기로 결심했던 순간을 떠올려 보라. 장소는 어디였는가? 무엇이 당신을 그런 결심으로 이끌었는가? 결심 이후 처음 얼마간 당신은 어떻게 변했는가? 다음 질문에 대한 답을 써 보라. 당신은 예수 그리스도의 제자인가? 지금 실제로 그 결심대로 살아가고 있는가?

Day 2

쉽지 않지만,
반드시 가야 할 길

—

좁은 문으로 들어가라. 멸망으로 인도하는 문은 크고 그 길이
넓어 그리로 들어가는 자가 많고 생명으로 인도하는 문은
좁고 길이 협착하여 찾는 자가 적음이라.

- 마태복음 7:13-14

예전에는 설교할 때마다 제자의 길을 최대한 매력적이고
편안하고 편리한 길로 포장하려고 애썼다. 그래야 더 많은 사
람이 제자의 길로 동참할 테니까라고 생각했다. 하지만 좋은
의도에도 불구하고 그것은 잘못된 해석이었다.

내가 《팬인가, 제자인가》를 쓴 이유 중 하나는 예수님이
정의하신 제자는 단순한 팬 이상이기 때문이다. 이제 나는 사

람들에게 다른 사람, 이를테면 나 같은 목사가 한 숟갈씩 떠먹여 주기를 바라지 말고 매일같이 예수님을 닮아가라고 소리 높여 외치고 있다. 우리의 기도는 예수님의 발치에 앉아 겸손한 마음과 열린 눈으로 그분의 강력한 말씀을 듣는 것이 되어야 한다.

경기가 끝날 때마다 머리를 쓰다듬어 주고 집에 갈 때 공짜 아이스크림을 잊지 말고 챙겨가라고 말해 주는 어린이 야구 감독과 같은 예수님을 상상하며 이 책을 집었다면 번지수를 잘못 짚었다. 예수님이 말씀하신 제자의 삶은 좁고 힘든 길을 따라가는 위험천만한 모험이다. 그래서 이 길로 가는 사람은 그리 많지 않다.

내가 알고 전하는 예수님은 부담스러운 분이시다. 그분은 유행을 거스르는 반문화적인 분이시다. 그리고 그분은 우리를 너무 사랑하시기에 귀에 거슬린다는 것을 잘 알면서도 가감 없이 진실을 이야기하신다. 그분이 용서보다는 회개를, 구원보다는 항복을, 행복보다는 희생을, 삶보다는 죽음을 더 강조하시는 것은 어디까지나 우리를 사랑하시기 때문이다. 예수님을 따르는 길은 결코 쉬운 길이 아니다. 복음서들을 보면 예수님이 따라오라고 초대하셨을 때 몇몇 사람은 따라나섰지만 대부분은 쉬운 길에 대한 미련을 버리지 못해 몸을 돌렸다.

자, 당신은 어떤가? 이런 예수님을 따를 준비가 되었는가? 이 길은 많은 사람들이 선택하는 길은 아니지만 홀로 걸어야 하는 길도 아니다. 열심히 주님을 따르면 그분이 우리와 나란히 걸으며 우리에게 필요한 은혜와 힘을 주신다.

오늘의 따름

예수님을 따르기 힘들게 하는 것에 대해 말해 보라. 당신이 특히 따르기 힘든 예수님의 진리나 교훈, 가르침을 말해 보라. 지금 예수님은 당신에게 구체적으로 어떤 힘든 것을 요구하시는가?

Day 3

DIY 구원은
없다

—

내가 아버지께 구하겠으니 그가 또 다른 보혜사를 너희에
게 주사 영원토록 너희와 함께 있게 하리니 그는 진리의 영
이라. 세상은 능히 그를 받지 못하나니 이는 그를 보지도 못
하고 알지도 못함이라. 그러나 너희는 그를 아나니 그는
너희와 함께 거하심이요 또 너희 속에 계시겠음이라.

- 요한복음 14:16-17

1950년대 손재주 좋은 집주인들은 스스로를 DIY(Do It Yourself)족이라 부르기 시작했다. 그들은 사람을 사서 주방을 리모델링하거나 강아지집을 짓게 하는 대신에, 직접 못을 박았다. 그러던 것이 요즘에는 빵 굽기에서 음반 제작까지 분야를 가리지 않고 DIY 열풍이 불고 있다. 텔레비전에서 DIY 전문 프로그램까지 방영할 정도다. 심지어 아예 DIY 방송국

과 DIY 잡지까지 있다. 요즘은 인터넷의 도움으로 직접 법률 문서를 작성하고 골동품을 감정할 수 있다. DIY 이혼까지 가능하다고 하니, 그 열풍을 짐작하고도 남을 것이다.

그런데 이렇게 직접 하겠다는 태도는 미국에서 시작되지 않았다. 사실, 이는 전혀 새로운 현상이 아니다. 그 옛날 에덴 동산에서부터 인간은 DIY의 싹을 보였다. "하와, 네가 직접 할 수 있어. 너는 똑똑한 여자니까 말이야." "아담, 하나님의 도움 따위는 필요 없어. 너는 아예 하나님처럼 될 수 있어." 이처럼 DIY는 인간 DNA의 일부가 되었다.

다행히 예수님이 이런 상황을 바꾸기 위해 오셨다. 하나님은 우리가 스스로를 구원할 수 없고 구주가 필요하다는 사실을 아셨다. 심지어 우리는 스스로 예수님을 따를 능력조차 없는 자들이다. 예수님은 이 점을 분명히 말씀하셨다. "나를 보내신 아버지께서 이끌지 아니하시면 아무도 내게 올 수 없으니"(요 6:44).

그래서 예수님은 우리 마음속에 거하면서 매일같이 도우실 성령을 보내셨다. 우리 힘으로 이를 악물고 따라간다고 해서 예수님을 따라갈 수가 있는 게 아니다. 다시 말해 크리스천의 여행은 DIY 프로젝트가 아니다.

스스로 할 수 있다는 케케묵은 거짓말에 속지 마라. 자,

예수님의 제자들을 위한 기막히게 좋은 소식에 귀 기울여 보라. 당신 스스로 할 필요가 없다!

오늘의 따름

크든 작든 현재 당신의 가장 심각한 문제는 무엇인가? 그 문제를 해결하기 위해 스스로 어떤 노력을 해 봤는가? 잠시 무릎을 꿇고 (당신 안에 사시는) 성령님께 지혜와 힘을 달라고 기도하라.

Day 4

팬과 제자를 가르는
결정적 차이

—

내가 그리스도와 … 알고자 하여.

- 빌립보서 3:10

성경에는 종교 지도자들인 바리새인이 등장한다. 바리새인들은 하나님에 관한 지식에서 타의 추종을 불허했다. 그 당시에 '성경 퀴즈 대회'가 있었다면 보나마나 그들이 상을 휩쓸었을 것이다. 그들은 하나님에 '관해' 모르는 게 없었다. 하지만 정작 하나님을 알지는 못했다. 이것이 지식과 친밀함의 차이다. 마태복음 15장 8절에서 예수님은 바리새인들에 관해 혹독한 평을 내놓으셨다. "이 백성이 입술로는 나를 공경하되 마음은 내게서 멀도다."

이보다 더 팬(fan)을 정확히 표현한 말도 찾아보기 힘들다. 바리새인처럼 '팬'도 머리로는 하나님을 열심히 연구하지만 그분께 마음을 드리지는 않는다. 하나님에 관한 지식은 넘쳐나지만 하나님을 진정으로 알지는 못한다. 지식과 친밀함, 이것이 팬과 제자를 가르는 결정적인 차이점 중 하나다.

이보다 더 팬을 정확히 표현한 말도 찾기 힘들다. 교회는 예수님에 '관해' 배우겠다고 열심히 성경을 공부하고 연습 문제를 푸는 사람들로 가득하다. 설교자들은 자신의 설교를 '수업'이나 '강의'로 부르며 성도들에게 메모를 하고 빈칸을 채울 수 있는 인쇄물을 나누어 준다. 덕분에 나는 오랫동안 예수님에 관한 지식을 친밀함으로 오해했다. 예를 들어, 나는 말이 트이고부터 성경 66권의 이름을 순서대로 외워야만 했다. 그냥 외우는 게 아니라 한 번도 숨을 쉬지 않고 끝까지 외울 수 있다. 놀라지 않은 척하지 말라.

지식 자체는 아무런 문제가 아니다. 단지 친밀함이 없는 지식이 문제다. 그런 지식만 갖고 있다면 예수님을 '진정으로' 따르고 있다고 말할 수 없다. 많은 사람이 바리새인처럼 예수님에 '관한' 사실을 줄줄 읊을 줄 안다. 하지만 예수님은 우리의 지식이나 재능에 감동하시지 않는다. 그분이 정말로 원하시는 것은 바로 우리의 마음이다.

오늘의 따름

예수님께 그분에 '관해'서만이 아니라 그분을 알고 싶다고 아뢰라. 자신을 솔직히 점검해 보라. 하나님에 관해 알려고 애쓰고 있는가, 아니면 어떻게 하면 그분과 사랑에 빠질지에 온 신경이 가 있는가? 예수님을 더 깊이 알겠다는 목적만으로 하루에 한 장씩 21일간 요한복음을 읽어 보라.

인생에 예수님만
남았을 때

예수께서 이르시되 나는 생명의 떡이니 내게 오는 자는
결코 주리지 아니할 터이요 나를 믿는 자는
영원히 목마르지 아니하리라.
- 요한복음 6:35

중대한 순간에 중대한 문제가 발생하곤 한다. 다음과 같
은 순간 말이다.

- 결정적인 대사를 말해야 하는 순간, 배우의 머릿속이 새하
  얘진다.
- 생방송 무대를 하던 가수가 갑자기 가사를 잊는다.

- 농구 선수가 승패를 가르는 자유투를 허공으로 날려 버린다.
- 예식 내내 신부의 방정맞은 웃음 혹은 울음이 그치질 않는다. 웃다가 울다가를 반복하면 그야말로 최악이다(다행히 내 아내는 전혀 그러지 않았다).
- 주례자가 신랑의 이름을 틀리게 부른다(나는 두 번이나 그런 실수를 했다).

이런 상황을 목격한 적이 있는가? 혹시 당신이 이런 상황의 주인공이었는가?

몇 년 전 하마터면 중대한 순간에 엄청난 실수를 저지를 뻔한 적이 있었다. 어느 화요일 오후였다. 다가오는 부활 주일에 어떤 설교를 할까 고민하고 있었다. 주일에 3만이 넘는 인파가 몰려올 터라 부담감이 이만저만이 아니었다. 한참 고민하다가 문득 궁금해졌다. 예수님은 많은 무리 앞에서 무엇을 가르치셨을까? 예수님은 중대한 순간을 어떻게 다루셨을까?

요한복음 6장은 바로 그런 순간을 묘사하고 있다. 예수님은 보리떡 다섯 개와 작은 생선 두 마리를 싸온 한 소년의 조촐한 도시락으로 5천 명이 훌쩍 넘게 불어났을 군중을 배불리 먹이셨다. 날이 저물자 사람들은 다음날에도 예수님의 설교를 듣기 위해 그 자리에 텐트를 쳤다. 대단한 팬들이다. 이튿날 잠에서 깬 사람들은 또다시 주린 배를 움켜쥐고 두리번거리며 예수님을 찾았을 것이다. 그들에게 예수님은 공짜 식권이나 다름없었다. 하지만 아무리 둘러보아도 그분이 보이지 않는다. 팬들은 앙코르 기적을 기대했지만 예수님의 '무제한' 뷔페는 이미 문을 닫았다.

요한복음 6장 26절에서 예수님은 무리에게 싸늘하게 말씀하신다. "내가 진실로 진실로 너희에게 이르노니 너희가 나를 찾는 것은 표적을 본 까닭이 아니요 떡을 먹고 배부른 까닭이로다."

그러고 나서 굶주린 군중에서 '그분 자신'을 제시하신다. 문제는, 그분만으로 충분한가 하는 것이다. "나는 생명의 떡이니."

갑자기 메뉴판에 산해진미가 다 사라지고 예수님만 남아 있다. 이제 결정을 내려야 한다. 예수님만으로 만족할 것인가? 다른 진미를 찾아 배를 채울 것인가? 이 이야기의 결말을 보자. "그때부터 그의 제자 중에서 많은 사람이 떠나가고 다시 그와 함께 다니지 아니하더라"(요 6:66).

보다시피 예수님이 주목하신 것은 무리의 크기가 아니라

헌신의 수준이었다.

오늘의 따름

기도할 때 주로 예수님께 무엇을 요청하는가? 예수님이 원하는 응답을 주시지 않았던 때를 생각해 보라. 그때 어떤 기분이 들었는가? 요한복음 6장의 나머지 이야기를 읽어 보라. 모든 것을 잃고 예수님밖에 남지 않았던 순간을 떠올려 보라. 그때 예수님이 어떻게 당신의 필요를 채우셨는가?

Day 6

밑바닥 인생을 향한
초대

—

예수께서 그곳을 떠나 지나가시다가 마태라 하는 사람이
세관에 앉아 있는 것을 보시고 이르시되
나를 따르라 하시니 일어나 따르니라.
- 마태복음 9:9

세리 마태는 원래 레위 지파의 착한 소년이었다. 필시 그
는 랍비의 제자가 되려고 했을 것이다. 어쩌면 이스라엘의 영
적 지도자 감이라는 기대를 한 몸에 받았을지도 모른다. 구체
적인 상황은 알 수 없으나 뭔가 단단히 잘못된 게 분명하다.
결국 마태는 하나님이 아닌 자신을 섬기기로 결심했다. 그렇
게 그는 민족을 등지고 로마의 세리로 전락했다. 그리고 당시

에 정직한 세리란 없었다. 세리란 같은 민족의 돈을 부당하게 빼앗아 자기 호주머니를 채우는 자들이었다. 그래서 세리는 종교적으로나 사회적으로 천덕꾸러기 신세였다. 세리는 불결한 사람이었기 때문에 성전의 바깥뜰조차 출입이 금지되었다.

마태는 하나님께 쓰임을 받으리라는 기대를 버린 지 오래였다. 그런데 하루는 그가 세관에 앉아 있는데 예수님이 다가오셨다. 그리고 단순하지만 인생을 변화시키는 초대를 하시는 게 아닌가. "나를 따르라."

예수님은 집 없이 떠도는 독특한 랍비였을지 몰라도 엄연히 랍비는 랍비였다. 당시 랍비는 하나님의 말씀을 가르치는 선생이었고 모든 랍비가 학생들의 반을 맡았다. 그런데 이 반은 매우 배타적인 집단이었다. 아무나 학생이 될 수 없었다. 그리고 학생이 된 뒤에도 뛰어난 성경 지식과 이해력을 증명해 보여야 겨우 랍비의 눈에 들 수 있었다. 랍비들이 이토록 까다롭게 군 것은 얼마나 뛰어난 학생들을 받느냐에 따라 자신의 평판이 달라지기 때문이었다.

하지만 예수라는 랍비는 달랐다. 그는 제자들의 지원을 받은 게 아니라 먼저 제자들을 초대했다. 게다가 이 경우 예수님이 초대하신 자는 모두에게 손가락질을 받는 밑바닥 인생, 곧 세리와 같았다. 그냥 죄인도 아닌 죄로 먹고 사는 인간! 창녀나 술주정뱅이, 도둑들과 어울리는 자! 우리가 이 사실을 어떻게 아는가? 그것은 마태가 제 입으로 털어놓았기 때문이다.

오늘날 우리는 마태를 돈을 벌기 위해 로마에 영혼을 팔아먹은 더러운 매국노로 기억하지 않는다. 우리가 아는 마태는 신약의 첫 번째 책을 쓴 예수님의 당당한 제자이다.

오늘의 따름

하나님께 다가갈 자격이 없다는 생각을 해 본 적이 있는가? 언제 예수님께 따르라는 초대의 음성을 들었는가? 그 초대에 응하기 위해 무엇을 버려야 했는가?

Day 7

이해할 수 없을지라도
순종

—

(예수께서) 말씀을 마치시고 시몬에게 이르시되 깊은 데로
가서 그물을 내려 고기를 잡으라. 시몬이 대답하여 이르되
선생님 우리들이 밤이 새도록 수고하였으되 잡은 것이
없지마는 말씀에 의지하여 내가 그물을 내리리이다 하고.
- 누가복음 5:4-5

시몬 베드로가 대놓고 빈정대지는 않았겠지만 필시 속으
로는 피식 웃지 않았을까? '목수나 하던 양반이 고기잡이에
관해서 뭘 안다고?' 하지만 그는 어차피 잃을 것이 없었다. 그
래서 갈릴리 바다 위로 반짝거리는 햇빛을 힐끗거리고 나서
다시 한 번 배 밖으로 그물을 던졌다.

베드로의 그물이 물 표면을 치자마자 밤새 어딘가에 숨어

있던 물고기들이 떼로 그물 속에 달려들었다. 평생에 가장 답답했던 밤을 보낸 베드로였다. 하지만 이제 그는 평생 처음 보는 어마어마한 물고기 떼를 만났다.

예수님의 지시는 어렵지도 복잡하지도 않았다. 단지 말이 되지 않았을 뿐이다. 아무리 생각해도 그것은 시간 낭비처럼 보였다. 베드로의 오랜 경험과 직관으로는 도저히 이해할 수 없는 지시였다. 그렇다고 예수님이 납득할 만한 설명을 해 주신 것도 아니었다. 하지만 베드로는 자신의 경험과 생각을 뒤로하고 군말 없이 순종했다.

때로 예수님을 따르는 것은 간단하다. 그렇다고 해서 쉬운 것은 절대 아니다. 때로 하나님에 대한 겸손한 순종은 다른 사람에게 전화를 걸거나 초대의 손을 내밀거나 길 건너편으로 건너가는 것처럼 단순할 수 있다. 그런가 하면 가해자를 용서하거나 머나먼 외국의 선교지로 떠나거나 십일조를 내는 것처럼 더 부담스러운 일일 수도 있다. 하지만 하나님이 얼핏 말이 되지 않거나 부담스러운 일을 시키실 때도, 아니 그럴 때일수록 풍성한 상이 우리를 기다리고 있다는 것을 기억해야 한다.

하나님은 이해가 되지 않는다고 솔직히 말한다고 해서 화를 내거나 꾸짖는 분이 아니시다. 그러니 답답할 때는 솔직히 표현해도 좋다. 다만 당신에게 어디로 가서 물고기를 잡으라고 명령하시는 분이 물고기를 창조하신 분이라는 사실만큼은 잊지 말라.

오늘의 따름

잠시 시간을 내서 누가복음 5장의 나머지 이야기를 읽어 보라. 오늘 예수님이 당신에게 요구하시는, 간단하지만 그리 쉽지 않은 일을 생각해 보라. 이 마음으로 다음 문장을 완성해 보라. "주님, 당신이 … 하라고 하시니 그렇게 하겠습니다."

Day 8

내 인생역전의 사건,
구원

—

너희는 그 은혜에 의하여 믿음으로 말미암아 구원을 받았
으니 이것은 너희에게서 난 것이 아니요 하나님의 선물이
라. 행위에서 난 것이 아니니 이는 누구든지
자랑하지 못하게 함이라.

- 에베소서 2:8-9

목회를 하고 글을 쓰다 보니 간증을 자주 듣게 된다. 특히 우리 교회에서 주일 예배 직후 혹은 내 사무실에서 사람들에게 직접 이야기를 들으면 그 감동은 배가 된다. 대부분은 기독교식 인생역전의 이야기다. 이를테면 인생의 쓰레기 더미 위로 떨어졌다가 예수님을 찾아 (사실은 예수님이 그를 찾아) 모든 것이 변했다는 이야기다.

이런 이야기는 입에서 입으로 계속해서 전해지는 이야기다. 첫마디부터 우리의 관심을 사로잡는 이야기다. "남편이 나를 떠나던 날, 나는 하루아침에 먹고 살 일을 걱정해야 하는 신세로 전락했지." "검사 결과를 듣고 며칠을 밤낮으로 울기만 했어." "주가가 폭락해 알거지가 되었지."

이야기의 마무리는 언제나 훈훈하다. "교회 식구들이 가족들보다도 더 나를 챙겨 줬지." "병원을 들락거리며 그 고통스러운 방사선 치료를 받을 때만 해도 하나님이 내게 이렇게 많은 교훈을 주실 줄은 미처 몰랐어." "하나님이 모든 필요를 채워 주신다는 사실을 직접 경험했어."

이런 극적인 이야기를 갖고 있지 않은가? 당신의 이야기는 너무 흔해 빠져서 하품이 나올 지경인가? 당신에게는 감동적인 사건이지만 남들이 볼 때는 별일이 아닌가? 간증 책에 넣을 만큼 대단한 이야기가 못되는가? 그럼에도 여전히 당신의 이야기는 전할 만한 가치가 있다. 믿음을 통해 하나님의 은혜로 구원을 받았다는 사실 자체만 해도 어마어마한 사건이다.

오늘의 따름

개인적인 믿음의 여정에 관해 생각해 보라. 파란만장한가? 아니면 지루한 가? 시간 순서대로 적어 보라. 땅에 믿음의 말뚝을 단단히 박았던 순간들, 새로운 방향으로 몸을 틀었던 순간들을 떠올려 보라. 하나님이 공급하시 거나 인도하시는 손길을 분명히 느꼈던 순간들을 묘사해 보라.

Day 9

고통이라는
선물

다만 이뿐 아니라 우리가 환난 중에도 즐거워하나니
이는 환난은 인내를, 인내는 연단을,
연단은 소망을 이루는 줄 앎이로다.
- 로마서 5:3-4

고난을 잘 다루는 사람은 그리 많지 않다. 많은 사람이 성경을 건성건성 읽은 탓에 구원을 받기만 하면 그 순간부터 쭉 순항만 이어진다는 잘못된 관념에 빠져 있다. 그들에게 고난은 남의 이야기일 뿐이다.

물론 어디를 가나 고난 천지다. 더도 말고 동네를 한 바퀴만 돌아도 적지 않은 고난이 눈에 보인다. 어느 집의 창문을 통해 부부가 서로를 향해 고래고래 고함을 지르는 소리가 흘러나온다. 건너편 이웃집을 보니 빨간 딱지가 붙어 있다. 모퉁이 집 마당에 잡초가 무성해서 옆집 아저씨에게 물으니 할아버지는 세상을 떠났고 할머니는 요양원에서 지내고 있단다. 한 중학생 녀석은 폭력적인 집으로 돌아가기 싫어 밤늦게까지 공원 벤치를 떠날 줄 모른다. 하지만 어쩔 수 없다. 원래 인생은 고달픈 것이니 어쩔 수 없는 것이다.

하지만 남이 아닌 '자신'에게 가정이나 재정, 건강의 문제가 발생하면 즉시 "하나님, 저한테 어떻게 이러실 수가 있나요?"라는 분한 외침이 터져 나온다. "나는 하나님의 팀이니 만사가 잘 풀려야 하는 것 아닌가?" 그렇게 한바탕 원망을 쏟고 즉각적인 해법을 말해 줄 결혼이나 재정, 건강 전문가에게 달려간다.

최근 성경책을 펴 봤는가? 그 안에 분명 이렇게 쓰여 있다. "세상에서는 너희가 환난을 당하나"(요 16:33).

중요한 것은 문제와 고통을 피해가는 것이 아니라 그것을 통해 배우고 자라는 것이다. 사도 바울은 고난 속에서도 '즐거워할' 수 있다는 점을 이해했다. 그것은 고난 속에서 인내와 인격, 소망 같은 풍성한 열매가 맺히기 때문이다.

당신은 분명 하나님의 팀이고, 하나님은 당신을 위해 만사를 바로잡고 계신다. 당신이 지나고 있는 이 골짜기가 그늘이기만 한 것이 아님을 기억하라. 그늘이 있다는 것은 빛이 있다는 뜻이다. 그러니 계속해서 걸어가라. 계속해서 예수님을 따라가라. 누구보다도 고통을 잘 아시는 그분이 당신과 나란히 걷고 계신다.

오늘의 따름

아름답고도 익숙한 시편 23편을 읽으라. 여섯 구절밖에 되지 않으니 한 번 이상 천천히 읽으라. 소리를 내어 읽어도 좋다. 읽으면서 두 개의 목록을 만들어 보라. 한쪽 칸에는 '당신'의 행동을 의미하는 동사들을 나열하라 (예를 들어, 사망의 음침한 골짜기로 "다닐지라도"). 두 번째 칸에는 하나님이 하시는 것들을 적어 보라. 하나님의 변함없는 선하심과 위로, 긍휼에 감사하라.

Day 10

절박한 순간의
피난처

—

나의 부르짖음을 들으소서. 나는 심히 비천하니이다.
나를 핍박하는 자들에게서 나를 건지소서.
그들은 나보다 강하니이다.

- 시편 142:6

둘째 딸인 모건(Morgan)이 두 살 즈음에 있었던 일이다. 하루는 일찍 퇴근해서 아이와 평소보다 오래 놀아주리라 마음을 먹었다. 아내는 아기가 잠들었지만 깨워도 좋다고 허락해주었다. 나는 단숨에 위층으로 올라가 아이의 방문을 열었는데, 두 가지 상황이 보였다. 첫째, 서랍장이 바닥에 넘어져 방 안이 어질러져 있었다. 그것만으로는 딱히 큰 문제처럼 보이지 않았다. 두 번째 상황은 아이가 침대 위에 없다는 것이었다. 그것도 별일이 아니게 보였다. 하지만 첫 번째 상황을 두 번째 상황에 연결시키는 순간, 나는 무슨 일이 일어난 것인지 알아챘다. 녀석이 높은 서랍장 꼭대기 위의 무언가를 잡으려고 아래쪽 서랍들을 꺼내 밟고 올라가다가 그만 서랍장 전체가 녀석의 자그마한 몸을 덮친 것이다.

나는 그 무거운 가구를 최대한 빨리 들어 올리려고 안간힘을 썼다. 그 아래에 딸아이가 온몸이 새파랗게 멍들고 부은 채로 미동도 없이 쓰러져 있었다. 나는 아내에게 차문을 열라고 소리를 쳤고, 반응이 없는 아이를 차에 눕히자마자 병원을 향해 액셀을 끝까지 밟았다. 아내는 딸과 함께 뒷좌석에 앉자마자 기도하기 시작했다.

나는 급히 911에 전화를 걸었지만 불통이었다. 내 평생에 그 번호를 누르기는 그때가 처음이자 마지막이었다. 그 번호를 수없이 눌렀지만 여전히 불통이었다. 결국 나는 전화기를 조수석에 집어던지고 아내의 우렁찬 기도에 목소리를 보탰다. 우리의 기도는 그냥 기도가 아니라 눈물과 콧물이 범벅된 절박한 기도였다.

다행히 모건은 몇 달 만에 완전히 회복되었다. 그러나 하나님께 부르짖던 그 순간의 절박감이 여전히 생생하게 느껴진다. 이런 경험을 해 봤는가? 산더미처럼 쌓인 진료비를 어떻게 해결해야 할지 몰라 앞이 캄캄할 때, 집에 와서 가출한 자식의 편지를 발견한 날, 남편이 집을 뛰쳐나간 밤, 암이라는 말에 입만 떡 벌린 채로 멍하니 앉아 있던 순간, 문 앞에 나타난 경찰관이 모자를 벗으며 비극적인 소식을 전했을 때, 아무 소리 없는 초음파, 기쁨 없는 결혼생활, 그녀 없이 맞는 첫 번째 성탄절….

그런 절박한 순간에 이르면 오직 예수님밖에 기댈 곳이 없다는 사실을 깨닫게 된다. 절박할수록 주님을 의지하는 마음이 더 커진다. 그래서 그분께로 달려간다. 그분께 부르짖는다.

그때 우리는 형제보다도 더 가까운 친구를 발견하게 된다. 이해를 초월하는 평강을 경험하게 된다. 안전한 피난처요 은신처로 들어가게 된다. 예수님을 곧 "하나님이 우리와 함께계시다"라는 뜻의 '임마누엘'로 알게 된다. 그리고 그분이 언제라도 의지할 만한 분이라는 사실을 발견하게 된다.

오늘의 따름

시편 88편을 읽어 보라. 어떤 표현이 가슴에 와 닿는가? 절박했던 순간이나 시기를 떠올려 보라. 그때 어디로 달려가 도움을 요청했는가? "주님, …에 대해 도와주십시오"라는 문장을 시작으로 몇 줄의 기도문을 써 보라.

Day 11

예수를 모른 채
올인 중?

또한 모든 것을 해로 여김은 내 주
그리스도 예수를 아는 지식이 가장 고상하기 때문이라 …
내가 그리스도와 … 알고자 하여.
- 빌립보서 3:8, 10

몇 년 전, 친구 목회자가 하나님에 관해 알았던 모든 것을 의심하게 되었다는 가슴 아픈 고백을 들은 적이 있다. 그는 자녀 중 한 명으로 인해 매우 힘든 경험을 했는데 그것이 단순한 과속 방지턱 이상으로 그의 영적 여정에 제동을 걸었다.

우리의 대화는 대화라기보다는 독백에 가까웠다. 그가 듣기 민망한 말까지 섞어가며 울분을 토해내는 내내 나는 말없이 듣기만 했다. 그는 하나님께서 하신 모든 것이 합력하여 선을 이룬다는 말이 다 거짓이라고 목소리를 높였다. 이런 끔찍한 일을 허락하신 분이 선한 분이실 리가 없다며 주먹을 꽉 쥐었다. 그에게 하나님은 더 이상 긍휼하신 분이 아니라 아비의 묵은 죄를 자녀에게 씌워 벌을 주시는 복수의 화신일 뿐이었다. 그는 자신이 지금까지 착각 속에 산 것인지도 모른다며 자신의 구원에 대해서조차 의심하는 모습을 보였다. 마침내 그는 자신의 생각을 이렇게 정리했다. "이론과 실제는 정말 다르군."

무엇이라 할 말을 찾을 수가 없었다. 내가 하는 모든 말이 그에게는 공허한 메아리일 뿐이었다. 내가 무슨 말을 해 봐야 하나같이 그가 평생 들어왔고 심지어 자신의 입으로 설교까지 했던 말이었을 것이다. 그는 엄마 배 속에서부터 교회에서 자란 친구였다. 3대에 걸친 목회자 집안이다. 그는 거의 20년 동안 말 그대로 수천 명의 교인들에게 성경의 진리를 가르쳤다. 그런데 문득 이런 생각이 들었다. 어쩌면 그의 문제점은 이론만 알고 정작 '예수님'은 모른 채 자라온 것은 아닐까?

사도 바울도 이론에 정통한 사람이었다. 그는 최고 수준의 교육을 받은 바리새인이며 율법 선생이었다. 혈통도 고귀했고 설교 솜씨도 타의 추종을 불허했다. 행동 역시 어디 하나 흠 잡을 데가 없었다. 인맥도 상당했다. 하지만 이 모든 옳은 답과 행동은 예수 그리스도를 아는 지식에 비하면 무가치를 넘어 해로운 것일 뿐이었다(빌 3:8). 이제 그는 옳은 답을 넘어 옳은 갈망을 품었다. "내가 그리스도(를) … 알고자 하여"(빌 3:10).

그런데 말이다. 교회에서 가르치는 이론이 틀린 것은 아니다. 다만 "내가 진리요"라고 말씀하신 분을 아는 것에 비할 바가 아닐 뿐이다.

오늘의 따름

본문에 나온 목사의 고뇌에 공감이 가는가? 오랫동안 의심 없이 받아들였던 것들에 의심을 품기 시작했던 때를 떠올려 보라. 혹시 당신이 예수님을 알기보다 이론을 아는 데 더 많은 시간을 투자한 탓이 아닐까? 오늘 성경을 읽을 때 예수님을 더 깊이 알게 해 달라고 기도하라.

Day 12

또다시 실패,
그러나 하나님은

네가 나를 여호와인 줄을 알리라.
나를 바라는 자는 수치를 당하지 아니하리라.
- 이사야 49:23

오래 전에 테네시 주의 한 리조트로 가족 여행을 갔었다. 부모님이 큰마음을 먹고 여행비를 쏘신 덕분에 우리 가족은 물론이고 누이들과 매부들까지 대부대가 주말을 함께 보내게 되었다. 햇살이 쏟아지는 주말 오후, 두 매부와 나는 자전거를 빌려 자전거 도로로 나섰다.

여기에는 중요한 두 가지 사실이 있다. 첫째, 당시 우리는 셋 다 20대라 혈기가 왕성했다. 둘째, 셋 다 지는 것을 죽기보다 싫어하는 성격이었다. 그래서 우리 모두는 한가로이 경치나 구경하며 달릴 생각이 조금도 없었다.

첫 번째 내리막길에서부터 속도를 내기 시작했다. 내가 선두였다. 하지만 그것이 오히려 독이었다. 그런데 갑자기 급커브가 나타났다. 재빨리 핸드 브레이크를 잡으려는 순간, 내 심장이 덜컥했다. 알고 보니 자전거에 핸드 브레이크가 달려 있지 않았다. 찰나와 같은 순간에 결정을 내려야만 했다. 이대로 자전거를 타고 도로에서 벗어나 급경사 진 숲 속으로 돌진할 것인가, 아니면 재빨리 자전거에서 뛰어내릴 것인가! (지금 와서 생각하면 페달 브레이크를 사용할 수 있었다. 하지만 당시는 경황이 없어 그 생각을 전혀 하지 못했다) 나는 탈출을 선택했다. 내가 아스팔트 위를 데굴데굴 구르는 동안 자전거는 나무들에 이리저리 부딪히다 쓰러졌다. 뒤에서 따라오던 매부들의 반응을 생각하면 지금도 화가 치밀어 오른다. 괜찮으냐고 묻기는커녕 배를 잡고 웃는 모습이 정말 꼴불견이었다.

당신도 나름대로 실패한 경험들이 있을 줄 안다. 순항을 기대했지만 느닷없이 풍랑이 몰아쳤다. 장애물을 피하려고 안간힘을 썼지만 오히려 정면으로 받고 말았다. 있는 힘껏 브레이크를 밟았지만 오히려 재난을 향해 더 빠른 속도로 질주

했다. 정신없이 꿈을 좇다 보니 그 끝은 생각했던 것과 너무 달랐다. 해고 통지, 이혼 서류, 낙제, 빚더미, 실패, 실망.

인생의 상황만이 아니라 관계에서도 마찬가지다. 도움을 받을까 해서 찾아갔는데 뜻밖에 손가락질이 날아왔다. 걱정해 주는 얼굴을 기대했지만 조롱과 비난이 돌아왔다. 믿음은 배신으로 돌아왔고, 친절의 결과는 학대였다.

하지만 하나님은 우리의 실패를 소망으로 바꾸실 수 있다. 하나님은 넘어진 자들을 구하실 수 있다. 그분께 소망을 두면 결코 실망할 일이 없다. 그분께 달려가면 그토록 애타게 찾던 은혜와 긍휼을 찾을 수 있다(히 4:16을 보라). 그분은 굴욕을 당한 자를 강한 손으로 높여 주신다(벧전 5:6). 그분은 넘어진 자를 꾸짖는 대신 강한 힘으로 구해 주신다(습 3:17).

오늘의 따름

최근 가장 실망스러웠던 일은 무엇인가? 실패나 실망스러운 일을 하나님께로 달려갈 기회로 삼기에 너무 늦은 때란 없다. 하나님이 실패를 소망으로 바꿔 주신다는 믿음을 담아 기도문, 일종의 개인적인 시편을 써 보라. 하나님이 끝내 승리를 주실 줄 기대하라.

Day 13

바쁜 삶의
악한 열매

주께서 대답하여 이르시되 마르다야 마르다야 네가 많은
일로 염려하고 근심하나 몇 가지만 하든지 혹은
한 가지만이라도 족하니라. 마리아는 이 좋은 편을
택하였으니 빼앗기지 아니하리라 하시니라.
- 누가복음 10:41-42

자신이 꼭 마르다와 같다고 말할 사람이 많을 것이다. 우리가 사는 세상이 워낙 정신이 없기 때문이다. 모두들 뭔가를 하기 위해 바삐 뛰어다니고 있다. 전화기는 수시로 울리고 답해야 할 문자나 늦지 않게 가야 할 약속이 늘 있다.

마르다는 예수님과 한 집에 있었다. 나중에 손자와 손녀가 잔뜩 흥분한 얼굴로 그녀에게 묻지 않았을까? "할머니, 어땠어요? 예수님이 할머니 집에 오셨다면서요? 예수님을 바로 옆에서 본 기분이 어땠어요?"

그러면 마르다는 머리를 긁적이며 대답할 것이다. "솔직히 이 할미는 좋은 접시를 찾느라 정신이 없었단다. 예수님의 말씀은 제대로 듣지 못했어. 방에 들어갔다 나올 때마다 띄엄띄엄 듣기는 했지만 자세한 이야기는 너희 숙모에게 물어보렴."

우리는 세상에 정신이 팔려 하나님과의 만남을 놓칠 때가 얼마나 많은가. 전화를 받을 틈도 없이 바빠 하나님이 우리의 음성 메일만 들으실 때가 얼마나 많은가.

바쁜 삶의 열매는 분명해 보인다. 생산성, 성과와 같은 것이다. 그래서 바쁘게 뛰어다니는 것이 미덕처럼 보인다. 하지만 예수님은 바쁜 삶을 다른 시각으로 평가하시고, 그 시각으로 본 예상 결과도 역시 분명하다. 주의산만, 근심과 걱정, 잘못된 감정 등이다.

그래서 예수님은 조용히 앉아 귀를 기울이기로 한 마리아의 선택을 칭찬하셨다. '꼭' 해야 할 일을 뒤로 한 채 '그분과 함께'하기로 선택한 마리아. 결과적으로 마리아는 가장 좋은 것을 선택한 셈이다. 그분이야말로 진정으로 필요한 유일한 것이기 때문이다.

오늘의 따름

누가복음 10장 38-42절에 기록된 이 짧은 이야기 전체를 읽어 보라. 당신이 해야 할 일 목록에는 무엇이 꽉 차 있는가? 무엇으로 인해 '염려하고 근심'하고 있는가? 주님과 함께하는 시간을, 일에 방해되는 시간으로 보고 있는가? 그렇다면 잘못된 우선순위를 예수님께 고백하고 매일 그분 앞에 앉아 그분의 음성에 귀를 기울이기로 의식적인 선택을 하라. 오늘부터 14일간 매일의 첫 시간을 예수님께 드리면 어떤 일이 벌어질까? 이 시간을 일정표에 표시하라. 더 좋은 것을 선택하라.

Day 14

예수님께
어려운 일이란 없다

여호와께서 용사 같이 나가시며.
- 이사야 42:13

따지고 보면 예수님만한 슈퍼맨도 없다. 물론 쫙 빠진 슈트에 망토를 걸치시지 않았고 눈에서 레이저 빔이 나오거나 무쇠 다리가 있는 것도 아니었다. 하지만 그런 게 대수인가.

1세기 팔레스타인의 시민들은 툭하면 예수님께 도움을 요청했다. 예수님은 초라한 도시락 하나로 수천 명을 너끈히 먹이셨다. 말 몇 마디로 항아리 속의 물을 최고급 포도주로 바꾸신 사건은 또 어떤가? 그분의 강하신 손은 불치병과 평생의 불구를 단번에 치료하셨다. 그분의 호통에 그토록 난리를 치던 풍랑이 일순간에 잠잠해졌다. 그분의 이름만 들으면 사탄의 졸개들이 '걸음아 나 살려라' 하며 놀라서 도망을 쳤다. 닫힌 문을 통과하신 일을 잊으면 안 된다. 그분의 샌들이 그분의 평생 동안 수천 킬로미터를 밟았을 게 분명하지만 그분은 그런 평범한 운송수단에 얽매이시지 않았다. 마지막에는 헬리콥터나 로켓 슈트도 없이 하늘로 올라가는 기적을 보이셨다.

심지어 최대의 적인 죽음조차도 그분을 당해내지 못했다. "사망아, 너의 승리가 어디 있느냐? 사망아, 네가 쏘는 것이 어디 있느냐? … 우리 주 예수 그리스도로 말미암아 우리에게 승리를 주시는 하나님께 감사하노니"(고전 15:55, 57).

예수님은 무덤에서 일어나 걸어 나가심으로써 이 거대한 전쟁에서 압승을 거두셨다. 어떤가? 슈퍼맨으로 조금의 손색도 없지 않은가? 하지만 정말로 놀라기에는 아직 이르다. 더 놀라운 이야기를 원하는가? 정말 기절초풍 할 이야기를 듣고 싶은가? 자, 귀를 쫑긋하고 들으라.

하나님은 예수님을 믿는 우리에게 똑같은 능력을 주신다. 정말이다! 물론 믿기 어려운 줄 안다. 우리는 실제로 이 능력을 자주 경험하지 못한다. 하지만 예수님을 깊이 알수록 그분을 더 닮아간다. 그리고 그분을 더 깊이 알고 더 열심히 따를수록 그분이 약속하신 능력 충만한 삶을 더 깊이 이해하게 된다(엡 1:17-23을 보라). 하나님은 우리의 삶 속에서 그분의 능력이 나타나기를 원하신다. 하나님은 중독을 극복하고 원한을 날려 버리고 관계를 회복하는 것을 비롯해서 모든 문제를 해결할 힘을 우리에게 제시하신다. 죽음마저 정복하신 하나님께 어려운 일이란 없다.

오늘의 따름

능력의 삶을 살고 있는가? 아니면 수시로 패배감에 젖고 있는가? 인생의 어떤 영역에서 영웅적인 힘을 발휘하고 싶은가? 그 부분에서 당신의 약점을 인정하라. 그러고 나서 다음과 같은 약속을 믿는 마음으로 기도하라. "피곤한 자에게는 능력을 주시며 무능한 자에게는 힘을 더하시나니"(사 40:29).

Day 15

내 마음속
예수님의 모습은?

———

그는 보이지 아니하는 하나님의 형상이시요
모든 피조물보다 먼저 나신 이시니.

- 골로새서 1:15

목회를 하다 보니 예수님을 잘 따르지 못하는 사람들과
자주 대화를 나누게 된다. 그들은 똑같은 죄의 유혹에 계속해
서 넘어간다. 아주 기본적인 영적 훈련조차 늘 작심삼일로 끝
을 맺는다. 예수님을 위해 살고 싶은 마음은 있다. 아니, 그런
마음을 갖고 싶은 마음은 있다. 하지만 마음뿐, 실제 삶은 피
곤과 낙심, 패배로 얼룩져 있다. 그래서 그들은 스스로에게

실망했고, 예수님도 자신에게 실망했다고 믿고 있다.

가끔 나는 사람들에게 이렇게 질문한다. "당신의 예수님은 어떤 분입니까? 예수님을 그린다면 어떻게 그리겠습니까?"

답은 천차만별이다. 대부분의 사람들은 평소에 이런 생각을 해 본 적도 없으면서 대충 몇 가지 대답을 내놓는다. 어떤 이들에게 예수님은 온유하다 못해 약간 소극적이거나 나약하기까지 한 분이다(혹시 노인 예수님의 그림을 본 적이 있는가? 나이 지긋한 예수님이 평온한 눈으로 지평선을 바라보는 그림이 꽤 유명하다). 어떤 이들에게 예수님은 한 손에는 활활 타오르는 화염검을, 다른 손에는 번개를 들고 있는 분노의 전사다. 또 어떤 이들에게 예수님은 아이들에게 둘러싸여 환한 미소를 짓고 계신 분, 양 떼를 지극정성으로 돌보는 선한 목자이다.

한 사람은 예수님을 이렇게 묘사했다. "지금 제게 등을 돌리고 서 계세요. 팔짱을 끼고 고개는 살짝 든 상태에요. 얼굴은 볼 수 없지만 분노한 표정은 아닌 것 같아요. 다만 내 행동에 대해 꽤 실망한 표정인 것 같아요."

그 말에 나도 모르게 인상이 구겨졌다. 그런 예수님이라면 누가 따르고 싶을까? 인생의 상황이나 교회 안의 상황, 냉소적인 친구들로 인해 예수님에 대한 관념이 왜곡되어 있다면 그 사람은 진짜 예수님을 따르고 있는 것이 아니다. 머릿속에서 예수님을 꾸짖기 좋아하는 아버지나 율법주의적인 선생, 위선적인 크리스천으로 그리고 있다면 그분을 따르고 싶을 리가 없다.

다행히 신약성경이 그리는 예수님의 모습은 전혀 다르다. 예수님은 진리만이 아니라 은혜로 충만하신 분이다(요 1:14). 우리를 정죄하기보다는(롬 8:1) 우리를 변호하시는 분이다(요일 2:1). 믿을 만한 길잡이시고(눅 1:79) 죄인들의 친구시며(마 11:19) 양들에게서 한시도 시선을 떼지 않는 목자시다(요 10:11).

그분을 따르다보면 정말로 그렇다는 것을 알게 될 것이다. 그리고 그분을 제대로 알고 나면 그분을 더욱 바짝 좇고 싶은 마음이 들 것이다.

오늘의 따름

당신은 예수님을 어떤 분으로 그리고 있는가? 그림을 그려 보라. 최소한 글로라도 묘사해 보라. 그것이 성경에서 가르치는 예수님의 모습과 일치하는가? 오늘부터 기도하는 가운데 마음속에서 예수님의 그림을 다시 그리기 시작하라.

Day 16

누구도 규정할 수 없는
예수님

—

대제사장이 다시 물어 이르되 네가 찬송 받을 이의 아들
그리스도냐? 예수께서 이르시되 내가 그니라.
인자가 권능자의 우편에 앉은 것과
하늘 구름을 타고 오는 것을 너희가 보리라 하시니.
- 마가복음 14:61-62

예수님은 그 어떤 종교 기관도 세우신 적이 없다. 자본주
의자나 사회주의자, 왕정주의자, 식민주의자와 같은 식으로
자신의 이름 앞에 어떤 '주의자'를 붙이신 적도 없다. 예수님
은 그런 인간적인 틀에 스스로를 가두시지 않는다. 그분은 공
화당원, 민주당원이나 녹색당원도 아니시다. 그분은 진보당
을 향해 고개를 끄덕이시지도, 보수당을 인정하시지도 않는

다. 가톨릭이나 개신교, 복음주의나 은사주의, 근본주의까지 어떤 진영도 그분을 독점할 수 없다.

예수님은 종교 재판을 시작하신 적도, 종교 개혁을 승인하신 적도, 반(反)종교 개혁을 재가하신 적도, 청교도를 인정하신 적도, 아일랜드를 분리시키신 적도 없다. 남북전쟁에서도 어느 한쪽 편을 들지 않았고 미국 헌법을 제정하지도 않으셨다.

예수님은 샌들을 신고 긴 수염을 기르셨다고 해서 히피족의 옹호자가 아니시다. 보수적인 교인들과 달리 예수님은 양복에 넥타이를 매고 교회에 가시지 않았다. 아니, 아마도 아예 주일 아침에 가시지도 않았을 것이다. 예수님은 특정한 찬양이나 예배 스타일을 선호하시지도 않는다.

그 누구도 예수님을 규정할 수 없다. 그분은 '만유의 주'시다. 누구도 그분을 제한할 수 없다. 그분은 온 땅을 발판으로 사용하신다. 누구도 그분을 조종하거나 통제할 수 없다. 그분은 말씀으로 세상을 존재하게 하신 분이다. 그 무엇도 그분의 허를 찌를 수 없다. "음, 그건 한 번도 생각하지 못했던 건데." 그분은 그렇게 머리를 긁적이신 적이 없다.

그분은 모든 것을 초월한 분이시다. 그분은 모든 곳에 계시고 모든 것을 아시며 모든 것을 하실 수 있다. 그분은 생명 자체이시기 때문에 생명을 주신다. 그분은 완벽한 사랑 자체이시기 때문에 완벽히 사랑하신다. 오직 그분만이 하나님이다. 그분 앞에서 우리는 경외감에 빠질 수밖에 없다.

오늘의 따름

잠시 시간을 내서 예수님에 대한 경외감에 빠져 보라. 유명한 찬송 한두 곡을 들어보라(지미 니드햄의 'Clear the Stage'와 어웨이큰 워십의 'Name Above All Names'를 추천한다). 시편 시인의 조언을 귀담아들으라. "너희는 가만히 있어 내가 하나님 됨을 알지어다"(시 46:10). 그러고 나서 하박국 3장 2절의 기도를 드리라. "여호와여, 내가 주께 대한 소문을 듣고 놀랐나이다. 여호와여, 주는 주의 일을 이 수년 내에 부흥하게 하옵소서. 이 수년 내에 나타내시옵소서."

Day 17

어느 것 하나
허비하지 않으시다

곧 창세전에 그리스도 안에서 우리를 택하사 우리로 사랑 안에서
그 앞에 거룩하고 흠이 없게 하시려고 그 기쁘신 뜻대로 우리를
예정하사 예수 그리스도로 말미암아 자기의 아들들이 되게 하셨으
니 이는 그가 사랑하시는 자 안에서 우리에게 거저 주시는 바 그의
은혜의 영광을 찬송하게 하려는 것이라. 우리는 그리스도 안에서
그의 은혜의 풍성함을 따라 그의 피로 말미암아 속량 곧 죄 사함을
받았느니라. 이는 그가 모든 지혜와 총명을 우리에게 넘치게 하사.
- 에베소서 1:4-8

내 생각에 하나님의 주권에 대한 최고의 찬사는 만사를
이루시는 분이 아니라 모든 것이 합력하여 자신의 목적을
이루게 하시는 분이라는 것이다(롬 8:28을 보라). 어떤 일이든
자신의 역사와 목적에 사용하실 수 있다는 것은 전혀 새로
운 차원의 주권이며 능력이다. 이것을 내 식으로 설명해 보
겠다.

만약 아들이 커서 미식축구 스타가 될 것이라고 미리 알았다고 해 보자(실제로 우리 아들이 세 살 때 아내가 "커서 뭐가 되고 싶니?"라고 물었더니 대번에 "미식 축구 선수요!"라고 답했다. 그런데 어느 날 녀석이 뜬금없이 다른 꿈을 말했다. "커서 인어 공주가 될래요." 놀란 나는 멍하니 있다가 겨우 입을 열었다. "얘야, 인어 공주가 아니라 그냥 인어라고 해야지"). 그러면 녀석을 키우는 방식이 지금과는 완전히 달라야 한다. 상관도 없는 피아노 레슨이나 미술 수업에 많은 돈을 들일 필요가 없다. 길거리 불량식품을 먹는 것도 안 된다. 미식 축구에 적합한 몸을 만들기 위해서는 절대 불가하다. 비디오 게임은 전부 운동 기구로 대체해야 한다. 드라마 시청보다는 미식 축구 경기 중계가 우선이어야 한다. 녀석의 운명을 확실히 아는 만큼 그 방향으로 철저히 지도해야 한다.

그런데 실제로 하나님은 우리의 궁극적인 운명을 아신다. 우리의 진정한 정체성을 이미 알고 계신다. 그래서 하나님의 목적은 우리를 예수님께로 더 가까이 이끄는 것이다. 하나님은 모든 일, 심지어 나쁜 일까지도 이 목적을 이루기 위해 사용하신다. 우리의 잘못이든 다른 누군가의 잘못이든 상관없이 하나님은 모든 상황을 통해서 우리를 예수님께로 이끄시고 예수님을 닮아가게 하신다. 하나님은 어느 것 하나 허비하지 않는다. 우리는 하나님이 어떤 상황이든 우리의 유익과 그분의 영광을 위해 사용하신다는 절대적인 믿음으로 예수님을 따를 수 있다.

오늘의 따름

당신 삶의 중요한 사건들을 떠올려 보라. 당신을 지금의 자리까지 이끄신 하나님의 손길이 보이는가? 만약 지금 이해할 수 없는 상황에 처해 있다면 어떤 상황인지 적어 보고 선하시고 주권적이신 하나님에 대한 믿음을 고백하라. 한 가지 더, 당신의 궁극적인 운명을 안다면 오늘 무엇이 다르겠는가? 비밀이 하나 있다. 당신은 분명 알고 있다.

Day 18

예외 조항은
없다

—

이스라엘의 하나님 여호와여 위로 하늘과 아래로 땅에 주
와 같은 신이 없나이다. 주께서는 온 마음으로 주의 앞에서
행하는 종들에게 언약을 지키시고 은혜를 베푸시나이다.

- 열왕기상 8:23

한번은 뉴스에서 새로운 채식주의자에 관한 기사를 본 적
이 있다. 방송 중에 스물여덟 살의 아가씨를 인터뷰했다. 그
녀의 한마디는 새로운 채식주의자들의 입장을 그대로 대변
했다. "보통은 채식을 하지만 소시지를 워낙 좋아합니다."

새로운 채식주의자들은 채식을 하되 몇 가지 예외를 두는
사람들이다. 그들은 고기를 먹지 않되 정말로 좋아하는 고기

만큼은 즐긴다. 짐작했겠지만 진짜 채식주의자들은 이 사이비들이 영 못마땅했다. 그래서 이름을 바꾸라고 끊임없이 압박을 가했다. 견디다 못한 새로운 채식주의자들이 선택한 이름은 '반(半)채식주의자'(flexetarian)다. 방송을 보다 보니 나야말로 반채식주의자란 생각이 들었다. 나는 남이 대신 구워 주지 않으면 절대 고기를 먹지 않는다. 그 아가씨는 자신의 정체성을 간략하게 정리했다. "나는 채식을 정말 좋아합니다. 하지만 100퍼센트 채식주의자는 아니지요."

예수님을 이런 식으로 따르는 사람들이 많은 것 같다. 그들은 삶을 여러 구역으로 나눠 일부 구역들에 대해서는 예수님의 출입을 금지하고 있다. "예수님을 따르기는 하겠지만 재산을 팔 수는 없어. 그 놈들을 용서하라는 말은 꺼내지도 마. 놈들은 죽어 마땅한 인간들이야. 결혼 전에는 순결하라고? 넘치는 성욕을 어떻게 참으란 말이야? 내 피 같은 돈을 교회에 내라는 말은 하지도 마. 죽도록 일해서 번 돈이야. 예수님을 정말 좋아하기는 하지만 100퍼센트 헌신이라면 사양하고 싶어."

하지만 예수님을 따르려면 전적인 헌신이 필요하다. 예수님은 '선택적인' 헌신의 여지를 남기지 않으셨다. 예외 조항따위는 없다. "예수님을 따르겠어. 하지만 내 삶의 이 영역에서만큼은 예외야. 이 영역에서는 내 맘대로 하겠어."

예수님께 이런 말은 통하지 않는다. 그리스도의 부르심을 입맛에 맞게 골라먹는 영적 뷔페쯤으로 취급해서는 곤란하다. 믿음에 관해서 반채식주의자 따위는 없다. 삶의 모든 영역에서 온전히 예수님을 따라야 비로소 크리스천이라 불릴 자격이 있다.

오늘의 따름

예수님께 대한 당신의 헌신을 솔직히 평가해 보라. 완전한 헌신을 보류하고 있는 삶의 영역들이 있는가? 예외 조항을 둘 수 없는 곳에 예외 조항을 삽입했는가? 그것을 어떻게 하려는가?

Day 19

더 깊은 관계를
원하시다

—

그 후에 남은 처녀들이 와서 이르되 주여, 주여, 우리에게
열어 주소서. 대답하여 이르되 진실로 너희에게 이르노니
내가 너희를 알지 못하노라 하였느니라.

- 마태복음 25:11-12

외식을 나가면 아내는 내가 식당의 텔레비전을 보는 꼴을
봐주지 못한다. 텔레비전에서 스포츠를 하든 뜨개질 특집을
하든 내가 푹 빠져서 보기 때문이다. 하지만 나는 뭐가 문제
인지 모르겠다. 대화가 끊길 때 잠깐 텔레비전을 보는 게 뭐
그리 대수인가 하는 생각이 들기 때문이다.

어느 날 밤 외식을 나갔다가 각각 다른 테이블의 두 커플

을 구경하기 전까지는 내가 무엇을 잘못했는지 전혀 몰랐다. 한 테이블에는 닭살을 돋게 만드는 젊은 커플이 앉아 있었다. 신혼부부 같기도 하고 그냥 연인 사이 같기도 했다. 두 사람은 바짝 붙어 앉아 쉴 새 없이 웃고 떠들었다. 음식이 식는 줄도 모르고 사랑을 속삭이는 모습이 부럽기도 했다. 바로 옆 테이블에는 노년의 부부가 앉아 있었다. 결혼한 지 몇 십 년은 되어 보였다. 그래서인지 두 사람 사이에는 침묵만이 흘렀다. 둘 다 말없이 음식만 씹고 있었다. 한참을 구경하던 내가 아내에게 이 노부부를 가리키며 말했다. "저길 봐. 안타깝지 않아? 아마 저 노부부도 처음에는 밤이 새는 줄 모르고 깨소금이 쏟아지는 대화를 나누었겠지? 하지만 수십 년의 세월은 사람을 저렇게 만들지. 슬픈 일이야."

그러자 아내가 정색을 하며 말했다. "뭐, 내가 보기엔 아름답기만 한데."

나는 멋쩍게 웃으며 고개를 끄덕였지만 아내의 말을 도무지 이해할 수 없었다. 그러다 나도 모르게 무릎을 탁 하고 쳤다. 침묵이 아름다운 것은 아무 말도 할 필요가 없기 때문이다. 비록 말은 하지 않아도 서로에게 온전히 집중한 모습, 바로 그것이 아내가 나에게 원하는 관계였다. 세상에서 가장 맛있는 식당을 데려가고 비싼 선물 공세를 펼쳐도 아내는 관심이 결여된 데이트를 흥겨워하지 않는다. 아내가 원하는 것은 서로를 알아가는 시간이다. 아내에게는 귀에 즐거운 말이나 자상한 행동보다 마음이 중요하다. 아내는 나를 알기 원한다.

궁극적으로 우리와 예수님의 관계도 이와 같다. 예수님은 신앙의 행위나 종교적 규칙과 의식의 준수 자체에 감동하시지 않는다. 예수님은 찬미의 말이나 십일조, 섬김의 행위보다도 서로를 깊이 아는 관계를 원하신다.

오늘의 따름

예수님을 얼마나 깊이 알고 있는가? 그분에 관해 알고 있는 것들을 적어 보라. 성경과 검색을 사용해 사복음서에서 그분이 어떤 분이신지 선포한 구절들을 찾아 보라(선한 목자, 마음이 온유하고 겸손한 분, 길, 진리, 생명 등).

Day 20

어떻게
들을까

—

그러므로 너희가 어떻게 들을까 스스로 삼가라.
누구든지 있는 자는 받겠고 없는 자는
그 있는 줄로 아는 것까지도 빼앗기리라.
- 누가복음 8:18

우리 교회 성도 중 한 명이 교회에 나온 지 얼마 안 된 여성에 관한 이야기를 했다. 이 여성은 평생 교회 쪽은 쳐다보지도 않던 사람이었다. 그녀는 영적인 것에 관심도 없이 살아가다가 헬스클럽에서 진정한 예수님의 제자인 우리 교회 성도를 만나 그의 행동 하나하나에 끌리기 시작했다. 그리고 얼마 있지 않아 우리 교회에 출석했고 배운 것을 스펀지처럼 빨

아들이기 시작했다. 그런데 그녀의 영적 성장은 빨라도 너무 빨랐다. 오죽하면 그녀를 전도한 성도가 걱정할 정도였다. 하루는 그 성도가 심각한 얼굴로 나를 찾아왔다. "씨앗이 뿌리를 깊이 내리지 않을까 봐 걱정이에요."

우리에게 익숙한 좋은 땅과 나쁜 땅의 비유를 가리킨 것이었다. 이 비유에서 예수님은 우리에게 중요한 명령을 하셨다. "너희가 어떻게 들을까 스스로 삼가라"(눅 8:18).

어떤 이는 하나님의 말씀을 듣기는 하지만 무엇을 해 보기도 전에 마귀가 호시탐탐 기회만 노리는 길가의 까마귀처럼 그것을 낚아챈다. 하나님의 말씀을 받지만 마음이 바위처럼 굳은 탓에 그 말씀이 뿌리를 내리지 못하는 사람도 있다. 또 다른 이는 하나님의 말씀을 듣고 받지만 그 말씀이 마음속에서 충분히 자라기 전에 가시 같은 인생의 염려들로 인해 죽는다(이 성도가 염려한 경우).

하지만 씨앗의 성장에 좋은 땅처럼 준비된 마음으로 말씀을 듣는 사람도 있다. 그런 사람은 하나님의 말씀을 듣기만 하는 것이 아니라 잘 키워 삶 속에서 보기 좋게 익은 열매를 맺는다. 그런 사람은 더 많이 받게 되지만 나머지 사람들은 있는 밭마저 빼앗기고 만다. 어떻게 듣느냐가 그만큼 중요하다.

예수님의 비유에서 '좋은 땅'에 떨어진 씨앗은 "백 배의 결실을 하였느니라"(눅 8:8). 뚜껑을 열어 보니 이 성도가 전도한 여성은 '좋은 땅'이었다. 그녀의 뿌리는 이미 깊이 뻗어 있었다. 그래서 당연히 백배의 결실을 맺었다. 다섯 달 뒤에 아들이 세례를 받고 그 해를 넘기기 전에 남편도 예수님을 따르기로 결심한 것이 보통 큰 열매인가.

예수님을 따를 때 하나님의 말씀을 '어떻게 들을까 삼가'라. 다시 말해, 그 말씀을 잘 듣고 마음에 새기라. 그 말씀을 꼭 붙들고 있으면 때가 되어 풍성한 추수를 맞게 될 것이다.

오늘의 따름

누가복음 8장 1-15절의 비유 전체를 읽어 보라. 당신의 마음은 어떤 밭인가? 살아 계신 하나님의 말씀을 받아 풍성한 열매를 맺을 준비가 되었는가? 염려를 품은 탓에 당신의 마음속에 뿌려진 하나님 말씀의 기운이 막히고 있는가?

Day 21

반쪽짜리
제자는 없다

—

주의 집을 위하는 열성이 나를 삼키고.
- 시편 69:9

"뭐든 적당히!" 분별 있는 삶의 방식처럼 들리지 않는가? 행복하고 균형 잡힌 삶의 비결처럼 들리지 않는가?

하지만 예수님을 따르는 문제에서는 맞지 않는 소리다. 예수님은 "뭐든 적당히"라고 말씀하시지 않는다. 예수님은 적당한 거리를 두고 환호성만 지르는 팬에게 관심이 없으시다. 예수님은 오직 전적으로 헌신하는 제자를 원하신다.

몇 년 전 예수님을 따라 180도로 달라진 남성을 만났다. 그는 이전에 '가출과 술판, 줄담배, 연애질'로 얼룩진 인생이었다. 하지만 이제는 시간만 나면 교회에 나와 있는 힘껏 주님과 다른 사람들을 섬겼다. 홀로 아이를 키우려면 보통 돈이 많이 들지 않는다. 하지만 그는 크리스천이 된 뒤로 아무리 돈이 궁해도 주일에는 일을 하지 않기로 결심했다. 살림이 빠듯한 가운데서도 어떻게든 나눠 줄 기회를 찾았다. 설교 시간에 배운 것을 실천하려고 애썼고, 언제부터인가 선교 여행을 가고 싶다는 말을 하고 다녔다. 그를 만나서 몇 분만 이야기를 나누면 그가 예수님 안에서 발견한 기쁨을 확실히 느낄 수 있다.

그가 철저히 개과천선하고 나서 얼마 뒤 그의 어머니가 나를 만나러 왔다. 나는 그의 어머니가 무슨 말을 할지 뻔히 알고 있었다. 동네의 다른 교회를 다닌다고 들었으니 필시 내게 감사를 표하려는 게 분명했다. 아들의 삶이 변한 것이 얼마나 기뻤으면 나를 다 만나자고 했을까. 하지만 나만의 착각이었다. 그의 어머니는 잔뜩 화가 나 있었다. "우리 아들이 도에 지나치게 믿어서 큰일이에요."

하지만 알다시피 예수님을 따르는 문제에서 '적당히'란 있을 수 없다. 반쪽짜리 제자란 없다. 예수님은 전적으로 따르지 않으면 그분의 제자가 아니라고 딱 잘라 말씀하신다. 그분의 초대는 '모 아니면 도'다. 오늘 그분의 초대에 어떻게 응답하려는가?

오늘의 따름

솔직한 자기평가를 해 보라. 가장 가까운 사람들이 다음과 같은 영역에서 당신에 관해 뭐라고 말할까?

- 섬김 - 기쁨으로 하나님과 남을 섬기고 있는가? 아니면 남들이 섬기는 것을 뒷짐지고 구경하고 있는가?
- 드림 - 교회를 위해 재능과 시간, 자원까지 전부를 드리고 있는가? 아니면 여유가 있을 때만 조금씩 드리는가?
- 신자들과의 만남 - 매주 하나님의 집에 가는 것을 최우선으로 삼고 있는가? 아니면 잊을 만하면 한 번씩 찾아가는가?
- 성경 공부와 기도 - 주님을 정기적으로 만나는가? 아니면 가끔 생각나면 한 번씩 만나는가?

다음과 같은 질문에 관해 생각해 보라. 내가 예수님을 지나치게 따른다고 타박하는 사람들이 있는가?

Day 22

함께
예수의 멍에를 매다

수고하고 무거운 짐 진 자들아 다 내게로 오라. 내가 너희를
쉬게 하리라. 나는 마음이 온유하고 겸손하니 나의 멍에를
메고 내게 배우라. 그리하면 너희 마음이 쉼을 얻으리니
이는 내 멍에는 쉽고 내 짐은 가벼움이라.
- 마태복음 11:28-30

우리를 짓누르는 염려는 대부분 하나님이 주신 것이 아니다. 가족 문제, 실직, 일터 환경, 만성질환. 부모나 학생, 가장, 보호자 같은 역할에 따르는 짐들. 남들보다 잘 살아보고자 스스로 짊어진 짐들….

그런데 이런 짐과 달리 예수님의 짐은 가볍다. 그분의 짐은 우리를 짓누르지 않는다. 그분이 분명 그리 말씀하셨다.

"내 짐은 가벼움이라."

"수고하고 무거운 짐 진 자들아, 다 내게로 오라." 말 그대로 '다' 오라고 말씀하신다. 누구나! 하도 오랫동안 짐을 지고 살아서 짐 없는 가벼운 삶을 아예 잊어버린 자들, 당연히 그렇게 살아야 하는 줄 알고 있는 자들, 무거운 짐에 지친 자들은 누구나 예수님께로 갈 수 있다.

예수님의 멍에는 쉽다. 왜냐하면 무게의 중심이 이동하기 때문이다. 우리의 어깨를 짓누르던 짐들의 무게가 예수님의 어깨로 분산된다. 그 즉시 견딜 수 없던 짐들이 견딜 만해진다. 부모나 학생, 가장, 보호자로서의 짐이 감당할 만해진다. "능력 주시는 자 안에서 … 모든 것을 할 수" 있다는 것을 알게 된다(빌 4:13).

예수님의 초대에 대한 메시지 성경의 번역이 참으로 마음에 든다. "나와 함께 있으면 자유롭고 가볍게 사는 법을 배울 것이다"(마 10:30).

예수님과 함께 멍에를 메는 것은 곧 그분을 믿고 그분께 기도하는 것이다.

오늘의 따름

모양과 크기 등 다양한 짐들이 우리를 찾아온다. 지금 무언가에 짓눌리고 있는가? 뭐, 특별한 일도 아니다. 인생이 원래 그런 것이다. 이렇게 한 번 해 보라. 팔을 뻗어 손바닥을 위로 향하라. 이제 그 손바닥 위에 인생의 짐들이 가득한 모습을 상상하라. 기도로 그 짐을 예수님께 넘기라. 그분을 따르며 자유롭게 살게 해 달라고 기도하라.

Day 23

"다
이루었다!"

예수께서 신 포도주를 받으신 후에 이르시되 다 이루었다
하시고 머리를 숙이니 영혼이 떠나가시니라.

- 요한복음 19:30

예수님이 십자가 위에서 마지막으로 하신 말씀은 "다 이루었다!"다. 이 표현은 '테텔레스타이'(tetelestai)라는 단어를 번역한 것이다. 당시 헬라어권 세상에서 이 단어는 '값을 완전히 치렀다'라는 뜻으로 공식 문서에 적는 단어였다. 그래서 당시 십자가 아래서 "테텔레스타이"라는 말을 들은 사람들(그리고 나중에 요한의 기록을 읽은 사람들)은 모두 그 의미를 정확히 이

해했다. 예수님은 죽음으로 그들의 죗값을 완전히 치르셨다.

지금 우리는 "다 이루었다"라는 말에서 그런 의미를 떠올리지 못해 별다른 감흥을 느끼지 못한다. 하지만 "다 이루었다"에는 엄청난 승리의 의미가 담겨 있다.

실제로 이 단어는 헬라어권 세상에서 승리의 외침으로도 사용되었다. 개선장군이 고향에 돌아오면 거리마다 사람들이 쏟아져 나와 "테텔레스타이! 전쟁이 끝났다! 승리는 우리의 것이다! 축하하라!"고 외쳤다.

우리는 승리하신 왕인 예수님을 그럼에도 따르고 있지만 예수님의 제자라고 하면서 패배감에 빠져 사는 사람이 얼마나 많은가. 그들은 죄와의 싸움에 지쳐 푹 숙인 고개와 축 처진 어깨로 발을 질질 끌고 있다.

십자가 위에서 예수 그리스도는 수천 년을 질질 끌어온 전쟁의 승리를 거두셨다. 십자가 위에서 그분은 두 가지 확실한 선포를 하셨다.

첫 번째 선포는 모든 인류의 죗값을 완전히 치렀다는 것이다. 두 번째 선포는 우리를 위한 승리의 선포였다. "우리를 사랑하시는 이로 말미암아 우리가 넉넉히 이기느니라"(롬 8:37).

오늘의 따름

어떤 죄가 당신을 공격하고 있는가? 그래서 낙심과 패배감으로 살고 있는가? 아니면 그 죄에 대해 이미 승리했다는 담대한 믿음으로 살고 있는가? 당신의 전투들에 대해 '승자의 기도'를 써 보라. 승리가 아직 먼 것처럼 쓰지 말고 오늘 완벽한 승리를 주장하라. 테텔레스타이!

Day 24

영적 표지판을
눈여겨보라

—

좁은 문으로 들어가라. 멸망으로 인도하는 문은 크고 그 길
이 넓어 그리로 들어가는 자가 많고 생명으로 인도하는 문
은 좁고 길이 협착하여 찾는 자가 적음이라.

- 마태복음 7:13-14

얼마 전 신시내티에 잠시 다녀왔다. 신시내티에서 루이빌
로 이어지는 고속도로의 명칭은 71이다. 약 1시간밖에 걸리
지 않는 짧은 고속도로다. 나는 가족과의 저녁 식사 시간에
맞출 수 있도록 일찌감치 신시내티를 출발했다. 날씨는 더없
이 화창했다. 나는 라디오 볼륨을 한껏 높인 채 짧은 드라이
브를 즐겼다. 1시간쯤 지나자 루이빌에 거의 다 왔다 싶었는

데 갑자기 엉뚱한 표지판이 나타났다. "렉싱턴에 오신 걸 환영합니다."

남들이 이런 실수를 했다고 했을 때는 황당하다고 생각했는데 나도 똑같은 실수를 할 줄이야! 신시내티를 벗어나자마자 정신을 똑바로 차리지 않으면 자칫 렉싱턴 방향의 75도로로 빠질 수 있는 분깃점이 나온다. 거의 1시간 가까이 내가 71도로를 타고 있는 줄로만 알았는데 알고 보니 75도로를 달렸던 것이다. 잘못된 방향으로 가고 있다는 생각은 꿈에도 하지를 못했다. 라디오를 시끄럽게 틀고 노래를 따라 부르다보니 완전히 넋이 나가 있었다. 잘못된 도로를 타고 있을 가능성은 떠올리지도 않았다.

예수님은 인생의 두 도로에 관한 비슷한 문제점을 지적하셨다. 한 길은 누구나 찾는 쉬운 길이다. 다른 길은 놓치기 쉬운 길이다. 오직 소수만 그 길을 찾는다. 하지만 붐비는 고속도로를 타고 있는 사람들은 자신들이 옳은 방향으로 가고 있는 줄로만 알고 있다.

"그날에 많은 사람이 나더러 이르되 주여, 주여, 우리가 주의 이름으로 선지자 노릇 하며 주의 이름으로 귀신을 쫓아내며 주의 이름으로 많은 권능을 행하지 아니하였나이까 하리니 그때에 내가 그들에게 밝히 말하되 내가 너희를 도무지 알지 못하니 불법을 행하는 자들아, 내게서 떠나가라 하리라"(마 7:22-23).

어떤가? 정신이 바짝 들지 않는가? 그들은 옳은 일을 '하느라' 바빴지만 화려한 성과는 그들을 진정한 제자로 만들어 주지 못했다. 그들은 예수님을 '알지' 못했고 예수님도 그들을 알지 못하셨다. 당신과 나는 아직 방향을 수정할 시간이 남아 있으니 천만다행이다.

오늘의 따름

당신의 영적 여행을 위한 몇 가지 질문을 해 보자. 실제로 믿음대로 살고 있는가? 지금까지 옳게 행동했으니 옳은 길로 가고 있다고 생각하는가? 당신이 예수님을 알고, 예수님도 당신을 아는가? 지금 바로 대답하지 마라. 잠시 '차를 도로가에 세우고' 이런 질문에 관해 깊이 고민해 보기를 바란다.

Day 25

지금,
출발하라

—

여호와여 내가 알거니와 사람의 길이 자신에게 있지 아니
하니 걸음을 지도함이 걷는 자에게 있지 아니하니이다.

- 예레미야 10:23

휴대폰의 내비게이션을 거의 사용하지 않는다. 내가 그것
을 사용할 때는 길을 완전히 잃어버렸을 때이다. 그때 네비게
이션에 목적지를 입력하면 화면에 가장 먼저 뜨는 질문은 "현
재 위치에서 출발하겠습니까?"이다.

답은 뻔하다. 그렇지 않은가? 당연히 현재 위치에서 출발
해야 한다. 내가 "예"를 터치하면 곧바로 내비게이션이 내가

처음 출발했던 곳이 아니라, 조금 더 가서가 아니라, 현재 내가 있는 곳에서부터 경로를 다시 계산한다.

'물리적'으로는 지극히 당연해 보이는 답이 왜 '영적'으로는 힘든 것일까? 가만히 보니 사람들이 예수님을 따르지 않는 가장 흔한 이유는 먼저 자신의 삶부터 챙기기 때문이다. 먼저 자신의 주변을 좀 정리하고 나서 예수님을 따라가는 것이 올바른 순서처럼 보인다. 그렇게 우리는 현재 있는 곳이 아닌 다른 어딘가에서 출발하기를 원한다.

무력감에 시달리고 있는가? 그분의 능력을 의지하라. 죄의 굴레에 갇혔는가? 그분의 끝없는 긍휼 속에서 자유를 얻으라. 전에도 이 길로 가봤지만 결국 실패했는가? 그분은 당신이 돌아오기를 참고 기다리신다. 혹시 길을 잃었는가? 그분의 인도하심을 믿으라. 예수님은 우리에게 현재 있는 곳에서 지금 당장 따라오라고 말씀하신다. 놀라운 여행이 될 테니 기대해도 좋다.

오늘의 따름

당신의 현재 영적 위치를 묘사해 보라. 집에서 멀리 떨어져 있는가? 길이 아닌 어딘가에서 헤매고 있는가? 예수님이 어디로 이끄시든 따르겠다고 결단하는 기도문을 쓰라. 지금 이 곳에서 그분을 따르겠다고 고백하라.

"예수님을
따르겠습니다"

나는 예수 그리스도의 제자가 되고 싶습니다. 예수님을 따르는 것이 그분께로 더 가까이 다가가고 그분을 더 닮아가는 것임을 배워가고 있습니다. 문제는 내가 나 자신을 아주 잘 안다는 것입니다.

나는 예수님과 너무도 다릅니다. 그분의 인격과 사랑, 공의는 내 진짜 모습과 달라도 너무 다릅니다. 그래서 그분을 따르기 위해서는 하나님의 도우심이 필요합니다. 내 힘으로는 도저히 할 수 없습니다.

예수님을 더욱 닮아가기 위해 필요한 모든 은혜와 능력을 주십시오. 예수님을 따르는 것이 무슨 의미인지를 알아가는 이 여행 속에서 눈을 열어 제자의 길이 나의 힘이 아닌 당신의 도우심으로 가는 길임을 깨닫게 해 주십시오. 예수님을 알고 싶습니다. 예수님이 나 자신보다도 나를 더 잘 아시는 것처럼 나도 예수님을 진정으로 알고 싶습니다.

오늘 내 의지로 더 나은 사람이 되려는 노력을 내려놓습니다. 이제 내 안에서 역사하셔서 나를 예수님처럼 변화시켜 주십시오. 예수님을 따르도록 도와주시니 감사합니다. 나를 이 책으로 이끌어 주셔서 감사합니다. 덕분에 예수님을 향한 열정이 생겼습니다. 성령이 방법을 알려 주시지 않으면 나는 제자가 될 수 없습니다. 예수님의 제자가 되겠다는 바람은 내 약점만큼이나 실질적입니다. 온 몸과 마음을 다해 예수님을 따르고 싶습니다. 나를 이끄실 뿐 아니라 따를 방법도 알려 주시니 감사합니다. 나는 이제 준비되었습니다. 계속해서 이끌어 주십시오.

아멘.

Part 2

가장 고통스런 부르심,
자기를 부인하라

Deny yourself

나를 부인하는
25일

나를
부인하는 25일

자신을 부인하지 않고서는 예수님을 따를 수 없다. 예수님은 이 점을 분명히 말씀하셨다. "아무든지 나를 따라오려거든 자기를 부인하고"(눅 9:23).

자신을 부인한다는 말은 자기 욕구를 잠시 참는다는 뜻이 아니다. 단순히 자신이 원하는 것을 잠시 뒤로 미룬다는 뜻이 아니다. 자신을 부인한다는 말은 자신의 쪽은 쳐다보지도 않는 것을 의미한다.

"예수님을 선택하리라. 가족보다 예수님을 선택하리라.

직업적 성공보다 예수님을 선택하리라. 나는 철저히 예수님의 것이다.

술보다 예수님을 선택하리라. 성적유희보다 예수님을 선택하리라.

넓고 화려한 집보다 예수님을 선택하리라. 남들의 이목보다 예수님을 선택하리라."

제자는 매일 어떤 대가가 따르더라도 자신을 부인하고 예수님을 따르기로 결단하는 사람이다.

Day 1

죽어야
산다

예수께서 이르시되 나는 부활이요 생명이니 나를 믿는 자는
죽어도 살겠고 무릇 살아서 나를 믿는 자는 영원히 죽지 아니하
리니 … 이 말씀을 하시고 큰 소리로 나사로야 나오라 부르시니
죽은 자가 수족을 베로 동인 채로 나오는데 그 얼굴은 수건에
싸였더라. 예수께서 이르시되 풀어 놓아 다니게 하라 하시니라.

- 요한복음 11:25-26, 43-44

나사로는 임사 체험을 한 게 아니다. 죽을 뻔했다가 살아
난 것도 아니다. 확실히 숨이 끊어졌다. 즉 사망 진단서가 발
급되었다. 세상을 떠났다. 세상을 하직했다. 돌아갔다. 뭐라
부르던 나사로는 분명 죽었다. 여동생들이 그의 시체를 씻어
세마포로 덮었다. 사람들이 애곡하며 시체를 무덤 속에 넣고
입구를 막았다.

우리가 이 이야기를 좋아하는 것은 해피 엔딩으로 끝났기 때문이다. 물론 예수님이 좀 늦게 도착하시기는 했다. 아니, 조금 늦은 게 아니라 나흘이나 늦으셨다. 하지만 덕분에 나사로가 되살아나 가족의 품으로 돌아가는 사건이 더욱 놀랍고 감동적인 이야기로 변했다.

그런데 과연 이 이야기가 자신의 삶에 무엇을 의미하는지 깊이 고민해 본 사람이 있을까? 만약 있다면 얼마나 될까? 우리는 부활 장면에만 흥분해서 사람이 부활하려면 먼저 '죽어야' 한다는 사실을 망각하곤 한다. 과연 우리가 예수님께 생명을 공급받으려면 먼저 망자가 되어야 한다는 사실을 진정으로 이해하고 있는가?

고린도후서 5장 17절은 이렇게 말한다. "그런즉 누구든지 그리스도 안에 있으면 새로운 피조물이라. 이전 것은 지나갔으니 보라, 새 것이 되었도다."

골로새서 3장 3절은 더 직접적인 표현을 사용한다. "이는 너희가 죽었고 너희 생명이 그리스도와 함께 하나님 안에 감추어졌음이라."

이제 분명해졌다. 예수님을 따르라는 초대는 곧 '죽으라'는 초대다. 자신에 대해서 죽을 때만 진정으로 그분을 위해 살 수 있다. 이런 종류의 항복은 우리의 모든 본능에 반한다.

우리는 끝까지 붙잡으려고 한다. 꼭 쥔 손을 절대 풀지 않으려고 한다. 숨이 조금이라도 붙어 있는 한, 호흡기를 떼지 않는다. 하지만 우리 자신에 대해서 죽을 때만이 비로소 예수 그리스도의 부활의 능력을 경험할 수 있다.

오늘의 자기 부인

혹자는 자신에 대해서 죽기가 힘든 것은 무엇보다도 '매일같이' 죽어야 하기 때문이라고 말했다. 오늘 당신의 생명을 예수님의 발치에 내려놓는 기도문을 쓰라. 그분이 단순히 당신의 구원자가 아니라 당신의 주인이라는 사실을 다시 고백하는 글을 쓰라. 급히 쓸 필요는 없다. 천천히 기도하는 가운데 진심을 담아서 쓰라. 오늘 당신의 태도나 우선순위를 살펴보라.

Day 2

너무 많은
신들

—

너는 나 외에는 다른 신들을 네게 두지 말라.
너를 위하여 새긴 우상을 만들지 말고.
- 출애굽기 20:3-4

우상숭배는 단순히 많은 죄 가운데 하나가 아니라 모든 죄를 낳는 죄의 근원이다. 하나의 문제가 아니라 문제 그 자체다. 증상은 수만 가지지만 원인은 언제나 우상숭배다. 지금 당신이 겪고 있는 문제가 무엇이든 그 껍데기를 계속해서 벗기다보면 결국 저 밑바닥에서 우상이 나타난다. 그 우상을 보좌에서 끌어내리기 전까지는 승리가 불가능하다.

하나님은 다른 신들과 경쟁하거나 여러 신 가운데 우두머리가 되는 것에 전혀 관심이 없으시다. 하나님은 신들 사이에서 어떤 계급체계에도 속하시지 않는다. 하나님은 신들의 계보에서 조직도의 꼭대기에 올라가는 것을 원치 않으신다. 하나님은 조직 그 자체시다. 하나님은 여러 신들 사이에서 위원회 회장 자리에는 관심이 없으시다. 하나님은 위원회 자체시다. 하나님은 오직 한 분이신 참된 분이시며, 그분 외에 우리 마음의 탁자에 둘러앉아 있는 신들을 전부 해고하기 전까지 우리의 삶은 계속해서 흔들릴 수밖에 없다. 명예직 신이나 임시직 신 따위도 있을 수 없다.

하나님은 우주가 그런 식으로 움직이도록 설계하고 창조하셨다. 오직 하나님만이 우주의 유일한 주인이시며 운영자시다. 그래서 오직 한 분이신 참된 하나님만이 우주를 어떻게 운영할지 아신다. 하나님은 우리를 돕고 인도하고 만족시키고 구원할 수 있는 유일한 신이다.

출애굽기 20장을 보면 하나님은 가짜 신들에 넌더리가 나셨다. 그래서 이스라엘 백성에게 모든 신전을 부수라고 명령하신다. 다른 신들을 섬기는 활동은 철저히 금지되었다. 하나님은 그분이 유일한 참 신이라는 사실을 사람들의 마음속에 똑똑히 새겨주셨다.

오늘날에는 우상숭배가 큰 문제가 아니라고 생각하는가? 그렇지 않다. 내가 볼 때 우리의 우상 목록은 전에 없이 길다. 예전처럼 상거래의 신이나 농경의 신, 섹스의 신, 사냥의 신은 없을지 몰라도 우리에게는 집과 자동차, 성인 오락, 스포츠와 같은 우상이 있다. 부르는 이름을 바꾼다고 해서 본질이 변하지는 않는다.

좋은 것이든 나쁜 것이든 하나님 대신 우리 삶의 영광스러운 자리를 차지하고 있다면 그것이 바로 우상이다.

오늘의 자기 부인

주로 무엇에 관심을 쏟고 살았는가? 카드 명세서나 달력, 해야 할 일의 목록을 볼 때 당신의 우선순위는 어떠한가? 어떤 사람이나 어떤 것들이 자꾸만 당신의 마음속으로 잠입해 하나님을 보지 못하도록 시선을 가리는가? 자신을 솔직히 돌아보라. 당신 인생의 보좌들을 차지하고 있는 우상들이 보이는가?

Day 3

내 인생의
황금 송아지

그들이 호렙에서 송아지를 만들고 부어 만든 우상을 경배
하여 자기 영광을 풀 먹는 소의 형상으로 바꾸었도다.
- 시편 106:19-20

하나님이 시내 산에서 모세에게 십계명을 주시는 동안 아
래서 기다리던 백성들이 너무 오래 걸린다며 불평을 시작했
다. 모세가 형 아론에게 대소사를 맡기고 산에 올라간 뒤로
백성들은 보고 만지고 예배할 수 있는 신을 달라고 아우성을
쳤다. 결국 그들은 집집마다 금붙이를 들고 나와 불에 녹여
황금 송아지를 주조했다. 참으로 아이러니하지 않은가? 하나

님이 모세에게 다른 신들을 두지 말라고 명령하시는 그 시각, 저 아래 백성들은 제멋대로 신을 만들고 있었으니 말이다.

이건 아무리 생각해도 현명한 거래가 아니다. 천지의 창조주를 한낱 송아지 신상과 바꾸다니! 천하의 바보도 그런 거래는 하지 않을 것만 같다. 하지만 과연 우리는 다른가? 우리도 툭하면 하나님을 제멋대로 만든 신상과 맞바꾼다. 우리가 때마다 업그레이드하는 집, 고층 빌딩의 개인 사무실이 딸려오는 승진, 좋아하는 스포츠 팀, 날씬하고 튼튼한 몸. 우리는 끊임없이 자신만의 황금 송아지들을 만든다.

비약처럼 들리는가? 그렇게 따지면 우리가 열심히 추구하는 것이 모두 우상이 될 수 있지 않은가? 바로 그렇다. 우리 삶 속에서 하나님의 자리를 대신하는 것은 무엇이든 우상이다. 무엇이든 우리 삶의 목적과 중심이 되면 그것이 바로 우상이다.

이것은 결코 현명한 거래가 못 된다. 왜 평강의 왕을 놔두고 일시적인 탈출구를 찾는가? 녹슬고 썩어질 재물이 절대 사라지지 않는 영원한 부에 비교가 되는가? 아버지나 어머니, 교수나 친구, 사장의 생각이 당신을 가장 잘 아시고 가장 깊이 사랑하시는 분의 인정보다 더 중요한가?

출애굽기 32장은 모세가 산에서 내려온 뒤에 벌어진 상황을 기록하고 있다. 모세는 격노했고, 하나님은 더더욱 분노하셨다. 모세는 황금 송아지를 가루로 빻아 물에 뿌려 백성들에게 마시게 했다. 그렇게 백성들은 만족을 주리라 믿었던 것이 실제로는 얼마나 쓴지를 똑똑히 확인해야 했다.

오늘의 자기 부인

하나님의 속성을 생각나는 대로 써 보라(예를 들어 사랑, 능력, 이해를 초월하는 평강, 공급하심). 이제 그 목록을 보면서 솔직한 자기평가를 해 보라. 당신의 삶 속에서 그것들의 자리에 무엇을 두었는가? (예를 들어, 남들의 인정, 자립, 성공과 성취) 당신이 어떤 황금 송아지들을 만들었는지 고백하라.

Day 4

사랑의
순서

누구든지 진 자는 이긴 자의 종이 됨이라.
- 베드로후서 2:19

"가족의 분위기는 엄마 기분에 따라!" 이는 단순히 우스갯소리가 아니라 사실이다. 누구나 엄마의 저기압이 나머지 가족들의 기분에 미치는 영향력을 경험해 봤을 것이다. 반대로 뒤집어서, 엄마가 저기압인 이유는 다른 가족들이 이유일 수 있다. 사실, 엄마든 아빠든 자녀든 감정의 통제권을 하나님이 아닌 다른 사람들에게 넘기기가 쉽다.

누가 먼저인가? 하나님? 아니면 말썽꾸러기 자녀? 누가 당신의 감정을 지배하는가. 평강의 왕? 아니면 떼쓰는 두 살배기 아기? 가족들의 문제와 요구에 너무 신경을 쓰는가? 물론 가족들을 사랑해야 한다. 하지만 늘 가족들의 상황에 따라 감정이 요동치는 것은 어쩌면 하나님의 자리를 가족들이 대신 차지하고 있다는 경고일지도 모른다. 예수님이 뭐라고 말씀하셨던가. "무릇 내게 오는 자가 자기 부모와 처자와 형제와 자매와 더욱이 자기 목숨까지 미워하지 아니하면 능히 내 제자가 되지 못하고"(눅 14:26).

당시 유대 문화에서 '미워하다'란 단어는 '덜 사랑한다'라는 뜻으로 사용되었다. 따라서 예수님의 말씀은 하나님을 향한 사랑이 가족들의 사랑보다 훨씬 커야 한다는 뜻이다.

초기 기독교 선구자였던 어거스틴(Augustine)은 "순서가 잘못된 사랑"(disordered loves)이란 표현을 처음 사용했다. 이는 사랑해야 마땅한 대상들의 순서가 마치 단추를 잘못 끼운 셔츠처럼 헝클어진 상황을 말한다.

부모를 사랑하고 공경하는 것은 좋은 일이다. 심지어 하나님의 가장 중요한 열 가지 명령 가운데 하나다. 아내나 남편을 사랑하는 것은 정말 좋은 일이다. 심지어 예수님을 닮은 모습이기도 하다. 하지만 우리의 가장 중심적인 사랑은 어디까지나 예배를 통해 하나님께로 향해야 한다. 하나님은 우리 마음의 보좌를 배우자나 자녀, 친구들과 나누어 쓰기를 원치 않으신다. 그렇다고 해서 우리의 '순서가 잘못된 사랑들'을 강제로 빼앗아서 쓰레기통에 넣지 않으신다. 대신 완벽하신 아버지답게 우리가 첫 사랑이자 가장 좋은 사랑으로 돌아올 날을 참을성 있게 기다리신다.

그때 비로소 우리는 다른 사람을 진정으로 사랑할 수 있게 된다. 요컨대 하나님을 가장 사랑할 때 남을 가장 잘 사랑할 수 있다.

오늘의 자기 부인

이 세상에서 누가 당신에게 가장 중요한가? 당신의 기분을 좌지우지하는 사람이 있는가? 혹시 가족과의 관계 속에 순서가 잘못된 사랑이 있는가? 사랑의 우선순위가 잘못되어 있다면 회개하고 최우선적인 사랑을 하나님께 되돌려 드리게 해 달라고 기도하라.

Day 5

자기 부인의
출발점

—

우리가 스스로 우리의 행위들을 조사하고
여호와께로 돌아가자.
- 예레미야애가 3:40

얼마 전에 프린터 잉크를 사러 근처의 대형 마트에 다녀왔다. 어떻게 잉크가 프린트보다 비싼지 모르겠지만 그 이야기를 하려는 것은 아니고, 가전제품 코너로 향하다 우연히 할인하는 반바지를 보게 되었다. 그렇지 않아도 여름이 곧 다가와서 반바지가 필요했는데 겨우 10달러밖에 하지 않아서 절호의 기회다 싶었다. 얼른 내게 맞는 사이즈 하나를 집어 카트에 넣었다. 그런데 다음 날 새 반바지를 입어 보니 몸에 너무 꽉 끼는 것이 아닌가. 겨우 지퍼를 올리기는 했지만 불쌍한 지퍼의 목숨이 언제 달아날지 위태롭기만 했다.

반바지가 몸에 맞지 않았을 때 처음 든 생각이 뭐였는지 아는가? '겨울 사이에 몸이 이렇게 불었나?' '앞으로는 식사량을 좀 줄여야겠군.' 이런 생각을 했을까? 천만의 말씀. '내'게 무슨 문제가 있어서 반바지가 꽉 낀다는 생각은 눈곱만큼도 하지 않았다. 대신 나는 이렇게 생각했다. '바지가 좀 작게 나온 게 분명해! 당장 따지러 가야겠군.'

무슨 말이냐면, 이상한 곳으로 비난의 화살을 돌리면 진짜 문제를 다룰 수 없다는 말이다. 자신을 부인하는 능력은 문제가 어디 있는지에 대한 솔직한 평가에서 시작된다. 가만히 생각해 보라. 우리의 삶에 아무런 문제가 없다면 왜 굳이 항복하거나 희생해야 하는가? 이미 완벽한 삶을 굳이 뜯어고칠 이유가 무엇인가? 전부 다 남의 잘못이라면 왜 우리가 잘못을 인정해야 하는가?

자신을 부인한다는 것은 "의인은 없나니 하나도 없으며"(롬 3:10)라는 사실을 인정한다는 뜻이다. 자신을 부인하려면 "모든 사람이 죄를 범하였으매 하나님의 영광에 이르지 못하더니"(롬 3:23)라는 구절의 '모든 사람'에서 자신도 예외가 아니라는 점을 인정해야 한다. 다윗 왕처럼 부담스러운 기도를 드릴 수 있어야만 한다. "하나님이여 나를 살피사 내 마음을 아시며"(시 139:23).

자기 부인의 출발점은 인생의 탈의실 거울을 들여다보며 옷이 문제가 아니라는 점을 인정하는 것이다.

오늘의 자기 부인

고린도전서 6장 9-11절을 읽으라. 혹시 인생의 어떤 영역에서 '미혹'을 받아 문제가 자신에게 있다는 사실을 부인하고 있지는 않은가? 시편 139편에 실린 이 짧은 기도를 큰 소리로 드려라. "하나님이여 나를 살피사 내 마음을 아시며 나를 시험하사 내 뜻을 아옵소서. 내게 무슨 악한 행위가 있나 보시고 나를 영원한 길로 인도하소서"(시 139:23-24).

이제 귀를 쫑긋하고 들어보라. 하나님이 당신에 관한 어떤 진실을 밝혀 주시는가? 조금도 포장하거나 완화시키지 말고 있는 그대로 쓰고 그 문제를 하나님께 온전히 맡기라.

Day 6

옛 삶은 죽고
참된 삶이 꽃 피다

—

이 사망의 몸에서 누가 나를 건져내랴? 우리 주 예수 그리
스도로 말미암아 하나님께 감사하리로다.

- 로마서 7:24-25

오래 전에 졸업했다고 생각했던 문제가 또다시 나타나 곤
혹스러웠던 적이 있는가? 고교 시절, 사귀던 여자애의 집에
놀러 갔던 기억이 난다. 앞마당을 통과해 들어갔는데 그곳이
개똥밭일 줄이야. 소파에서 여자애와 나란히 앉아 있는데 어
디선가 나는 불쾌한 냄새가 코끝을 찔렀다. 그때 나도 모르게
여자애를 향해 코를 킁킁거렸다. 돌이켜 보면 절대 하지 말았

어야 할 행동이었다. 그 다음에는 그 애의 부모님을 향해 킁킁거렸다. 그런데 범인은 그들이 아니었다. 냄새의 원인은 바로 나였다! 내 신발을 내려다보고서야 내가 개똥을 밟았다는 것을 알아챘다. 그 신발로 카펫을 온통 문지르고 거실까지 들어왔으니 말이다. 그 순간 나도 모르게 구역질이 나올 뻔했다.

크리스천이 되는 순간, 인생의 모든 문제가 사라지고 날마다 순항만 이어지며 거칠 것 없는 고속도로만 펼쳐질 것이라고 착각하는 사람이 적지 않다. 시련도 난관도 없이 죄도 문제도 없이! '개똥' 한 덩어리도 없이 말이다. 하지만 그 대단한 사도 바울에게도 예수님을 따르는 길은 전혀 그렇지 않았다. "선을 행하기 원하는 나에게 악이 함께 있는 것이로다"(롬 7:21). 바울은 자기 안에서 계속해서 들끓는 악한 본성에 한탄하면서 자신에 대해 혹독한 평가를 내렸다. "오호라, 나는 곤고한 사람이로다"(24절).

안타까운 노릇이다. 분명 우리는 모든 죄를 용서받았는데 여전히 옛 욕구를 품고 있다. 이것이 많은 크리스천의 도전거리다. 많은 사람이 내려놓아야 할 것을 내려놓지 않고서 예수님을 따르려고 하고 있다.

오늘의 자기 부인

여전히 당신을 옭아매고 있는 습관과 욕구와 죄는 무엇인가? 오래 전에 버렸어야 하는데 여전히 버리지 못하고 있는 악한 것은 무엇인가? 솔직히 적고 그 모든 악한 것들을 하나님 앞에 다시금 내려놓아라. 로마서 7장 25절을 외우라. "우리 주 예수 그리스도로 말미암아 하나님께 감사하리로다 그런즉 내 자신이 마음으로는 하나님의 법을 육신으로는 죄의 법을 섬기노라."

Day 7

믿음에
속도 조절이 필요한가

—

무리와 제자들을 불러 이르시되
누구든지 나를 따라오려거든 자기를 부인하고
자기 십자가를 지고 나를 따를 것이니라.

- 마가복음 8:34

교회에 열심히 다니는 한 아버지가 마찬가지로 믿음이 좋
은 딸을 믿지 않는 남자에게 보낼 준비를 하고 있었다. 아버
지로서는 당연히 걱정이 될 수밖에 없었다. 그래서 그는 목사
인 내가 사윗감을 만나 보기를 원했다. 목사와 무신론자의 점
심식사라 …. 어색하기만 할 것 같았지만 의외로 우리는 만나
자마자 죽이 잘 맞았다. 몇 시간이나 이런저런 이야기를 나누

다가 그의 사연을 듣고 난 뒤 복음을 전했다. 알고 보니 그는 복음에 관해 거의 들은 적이 없었다. 점심식사를 마치고 함께 기도한 뒤 그가 회개하고 예수님을 하나님의 아들로 고백했다. 가장 적절한 때에 우리를 만나게 하신 하나님의 섭리가 참으로 놀라웠다.

어느덧 이 젊은이는 결혼을 했고 나날이 믿음이 성장해갔다. 어느 날, 핸드폰이 울려서 받아 보니 그 청년이었다. 8개월째 행복한 결혼 생활을 이어가고 있는데 요즘 장인과 자주 부딪혀서 걱정이라고 했다. 장인은 자꾸만 그에게 믿음의 속도를 늦추라고 권했다. 장인은 사위가 빨리 돈을 모아 집을 살 생각은 하지 않고 십일조부터 내는 것이 못마땅했다. 주일에 교회에 나가기 위해 일을 쉬는 것도 마음에 들지 않았다. "교회에 다니는 것은 좋지만 광신은 예수님의 뜻이 아니라네." 다시 말해, "예수님을 따르는 것은 좋지만 십자가는 그만 내려놓는 게 어떤가?"

하지만 예수님을 따르겠다는 말은 곧 자신에 대해서 죽겠다는 말이다. 예수님은 우리의 모난 구석들을 깎아 행동과 성격, 태도를 개조하기 위해서 이 땅에 오신 게 아니다. 심지어 우리를 더 나은 '우리 자신'으로 변화시키기 위해 오신 것도 아니다. 복음의 핵심은 예수님이 우리의 옛 삶을 죽여 그분을 위해 새로운 삶을 사게 하기 위해 오셨다는 것이다. 우리가 그분을 닮는 것이 그분이 오신 이유다. 제자가 되고 싶다면 '반드시' 자기 십자가를 지고 예수님을 따라야 한다.

오늘의 자기 부인

오늘 이 청년의 이야기가 어떤 면에서 당신의 이야기와 비슷한가? 당신은 어떤 면에서 이 장인을 닮았는가? 당신의 십자가는 어떤 모양인가? 다시 말해, 당신이 예수님을 온전히 따르기 위해 희생한 (혹은 희생해야 하는) 삶의 영역들을 묘사해 보라. 잠시 생각해 보라. 예수님을 믿기 전부터 알았던 사람들이 당신이 어떻게 변했다고 말할까? 그들이 당신을 광신도라 욕할 것인가?

Day 8

높아지기
원한다면

———

그들이 하는 행위는 본받지 말라. 그들은 말만 하고 행하지
아니하며 … 그들의 모든 행위를 사람에게 보이고자 하나니
… 화 있을진저 외식하는 서기관들과 바리새인들이여 … 화
있을진저 눈 먼 인도자여 … 뱀들아! 독사의 새끼들아!
- 마태복음 23:3, 5, 13, 16, 33

마태복음 23장은 예수님이 이 땅에서 마지막으로 전하신
설교 중 하나를 기록한 것이다. 예로부터 이 설교는 '일곱 가
지 화'란 제목으로 불렸다. 이는 당시의 종교 지도자들인 바
리새인들을 직접적으로 겨냥한 설교였다. 이 설교에서 예수
님의 어조는 거침이 없다. 예수님을 늘 사람 좋은 미소를 날
리는 순한 분으로만 생각했다면 이 종교 지도자들을 향한 예

수님의 강한 어조에 꽤 놀랄 수도 있다. 여기서 예수님은 바리새인들을 바로잡으시려는 것이 아니다. 그들에게 경고를 하신 것도 아니고 조언을 하신 것도 아니다. 예수님은 사람들이 규칙을 따르는 것과 그분을 따르는 것을 혼동하지 않도록 종교 지도자들을 신랄하게 비판하신 것이다.

"화 있을진저"라는 말은 슬픔의 표현인 동시에 저주의 표현이며, 예수님은 이 표현을 여러 번이나 반복해서 사용하신다. 예수님은 바리새인들에게 "저주를 받아 고생 좀 해라!"고 말씀하신 것이다. 아울러 우리에게는 "이 리더들을 따라하지 말라"고 말씀하신다. 예수님은 그들의 화려한 예복이나 옷만큼이나 화려한 기도, 위선에서 비롯한 권위에 일말의 감흥도 느끼지 못하셨다. 그래서 제자들이 그들을 본받거나 존경하기를 원치 않으셨다.

바리새인들의 사례를 통해 예수님은 우리에게 "하나님을 본받는 자"가 되라고 말씀하신다(엡 5:1). 예수님은 자신을 부인하고 "그리스도 예수의 마음"을 품으라고 촉구하신다(빌 2:5). 그렇다면 예수님은 어떤 분이신가? 바로 언행이 일치하는 분이다. "인자가 온 것은 섬김을 받으려 함이 아니라 도리어 섬기려 하고 자기 목숨을 많은 사람의 대속물로 주려 함이니라"(막 10:45).

알다시피 예수님은 이 약속을 그대로 지키셨다. 또한 예수님은 다음과 같은 역설적인 진리를 우리에게 설명하고자 바리새인들의 사례를 사용하신 것이다. "누구든지 첫째가 되고자 하면 뭇 사람의 끝이 되며 뭇 사람을 섬기는 자가 되어야 하리라"(막 9:35).

"누구든지 자기를 높이는 자는 낮아지고 누구든지 자기를 낮추는 자는 높아지리라"(마 23:12).

오늘의 자기 부인

빌립보서 2장 1-11절을 읽으라. 마음에 와 닿는 단어나 문장을 적어 보라. 당신의 지난 며칠을 간단하면서도 철저히 조사해 보라. '다툼이나 허영'을 드러냈던 적이 있는가? 어떤 상황이었는가? 당신이 무시한 사람이 있는가? 이기적인 욕심으로만 행동했던 적이 있는가? 이런 일을 주님께 겸손히 고백하라. 그러고 나서 가장 위대하신 종인 예수님이 당신의 발을 겸손히 씻기고 당신의 죄를 용서하며 은혜를 베푸시는 모습을 떠올리라.

Day 9

니모를
찾아서

———

나는 내 마음에 이르기를 자, 내가 시험 삼아 너를 즐겁게
하리니 너는 낙을 누리라 하였으나 보라, 이것도 헛되도다.

- 전도서 2:1

캘리포니아 주에서 살 때 당시 네 살이던 첫째 딸이 애완
동물을 갖고 싶다고 졸랐다. 나는 마지못해 허락을 하면서 몇
가지 조건을 붙였다. 일단은 '짖거나 울지 않는 것으로 일체
소음을 내지 말아야 한다. 털이 날려도 곤란하다. 아울러 가
격도 5달러를 넘지 말아야 한다.' 이런 제한 조건 하에서 겨우
고른 것이 금붕어였다.

마트의 어항에 붙은 '3일 보증'이란 말이 그렇게 미더울 수가 없었다.

우리 딸은 금붕어를 집에 데려와 이름을 지었다. 이름이 무엇인줄 아는가? 글쎄, 니모였다. 녀석은 새로운 애완동물과 함께 놀고 싶었다. 하지만 물고기와 어떻게 논단 말인가. 함께 산책을 할 수도 없고 물건을 가져오게 훈련시킬 수도 없다. 하지만 딱 한 가지, 함께할 수 있는 것이 있었다. 바로, 수영이었다. 그래서 우리는 니모를 데리고 수영장에 놀러갔다. 나는 딸에게 수영장의 화학 물질들이 물고기에게 좋지 않다고 설명해 주었다. 그래서 우리는 니모를 물컵에 담아 와 수영장 가장자리에 놓았다. 딸과 함께 한참 신나게 놀다가 보니 니모가 우리를 지켜보고 있는 것을 알아챘다. 눈빛을 보아 하니 아무래도 컵에서 나와 수영장이라는 광활한 바다로 나가고 싶은 것 같았다.

그런데 얼마 뒤에 보니 컵이 비어 있었다. 아무래도 자유의 열망이 너무 강한 나머지 죽을힘을 다해 펄떡 뛰어 컵 밖으로 튀어나간 게 분명했다. 녀석을 다시 잡으려고 했지만 수영장 안에서 금붕어를 잡는 것이 어디 생각만큼 쉬운 일인가. 결국 녀석은 배를 위로 한 채 수면 위로 떠올랐다. 독한 수영장의 물을 견디지 못한 금붕어가 죽은 것이었다.

니모는 잠시 즐거웠을지 모르지만 잠깐의 즐거움이 무시무시한 독이라는 사실을 미처 알지 못했다. 세상 즐거움만을 좇으면 오히려 즐거움의 정반대 것을 얻고 만다. 즐거움이란 놈은 매우 독특한 성질을 갖고 있다. 기를 쓰고 좇을수록 더 잡기가 힘들어진다는 것이다. 철학자들은 이런 현상을 '쾌락주의의 역설'(hedonistic paradox)이라 부른다. 쾌락 자체를 좇으면 그 쾌락이 우리의 코앞에서 증발해 버린다는 것이다.

하지만 예수님을 좇으면 정반대 현상이 일어난다. "도둑이 오는 것은 도둑질하고 죽이고 멸망시키려는 것뿐이요 내가 온 것은 양으로 생명을 얻게 하고 더 풍성히 얻게 하려는 것이라"(요 10:10).

당신이 꼭 알았으면 하는 강력한 진리 하나를 소개한다. 자신을 부인함으로써 하나님을 예배하면 그토록 갈망하던 것을 마침내 경험하게 된다. 바로, 깊고도 궁극적인 즐거움을 맛보게 될 것이다.

오늘의 자기 부인

즐거움을 좇다가 즐거움은커녕 고통을 겪었던 경험들을 묘사해 보라. 예수님을 따르기 위한 대가도 알아야 하지만, 이번에는 잠시 즐거움을 좇을 때의 대가에 관해 생각해 보라.

Day 10

돈!
돈! 돈!

—

한 사람이 두 주인을 섬기지 못할 것이니 혹 이를 미워하고
저를 사랑하거나 혹 이를 중히 여기고 저를 경히 여김이라.
너희가 하나님과 재물을 겸하여 섬기지 못하느니라.

- 마태복음 6:24

언젠가 돈 얘기가 나올 줄 알았을 것이다. 돈의 신은 참으
로 오랫동안 우리 주변을 맴돌았다. 예전에는 금이나 은, 소
머리나 짐승 가죽처럼 무엇이든 거래할 수 있는 것이 곧 돈이
었다. 물론 요즘에는 지폐나 동전, 수표, 카드를 사용한다.

요즘은 워낙 돈 없이는 살 수 없는 세상이 되어, 한걸음
뒤로 물러나서 객관적인 시각에서 돈을 바라보기가 쉽지 않

다. 아무리 아니라고 말해도 많은 사람이 돈이 인생의 진짜 목적인 것처럼 살아간다. "돈으로 행복을 살 수는 없다." 부자들이 이런 말을 해봐야 씨알도 먹히지 않는다. 부자들은 일등석을 타고 최고급 휴양지에 가서 마사지나 받으면서 괜히 우리가 시기할까 봐 그런 말을 하는 것일 뿐이다.

우리는 돈이 별로 중요하지 않다고 마음에도 없는 말을 하지만 실제로 우리가 시간을 어떻게 사용하고 무엇을 추구하는지를 보면 우리의 진짜 마음이 드러난다. 많은 사람에게 궁극적인 판타지는 복권에 당첨되거나 갑부 친척에게 재산을 물려받는 것이다.

하지만 역사상 가장 지혜롭고 또한 가장 부유했던 솔로몬 왕은 돈의 아이러니를 정확히 알고 있었다. "은을 사랑하는 자는 은으로 만족하지 못하고 풍요를 사랑하는 자는 소득으로 만족하지 아니하나니"(전 5:10).

부한 삶과 가난한 삶을 모두 알았던 사도 바울은 이런 결론에 도달했다. "나의 하나님이 그리스도 예수 안에서 영광 가운데 그 풍성한 대로 너희 모든 쓸 것을 채우시리라"(빌 4:19).

예수님도 돈에 관해 많은 말씀을 하셨다는 사실이 뜻밖으로 느껴질지 모르겠다. 복음서에 기록된 예수님의 38가지 비유 중에 무려 16가지가 돈이란 주제를 다룬다.

그리고 돈에 관한 예수님의 결론은 지극히 간단하다. 하나님과 돈을 동시에 섬길 수 없다!

오늘의 자기 부인

돈의 신을 섬기는가? 다음과 같은 질문으로 자신을 점검해 보라. 자신이 가진 것과 남들이 가진 것을 얼마나 자주 비교하는가? 돈 걱정을 얼마나 많이 하는가? 당신의 꿈과 목표에는 돈이 얼마나 많은 부분을 차지하고 있는가? 베풂에 대한 당신의 태도는 어떠한가? 오늘 누군가가 요청하기도 전에 알아서 돈 봉투를 내미는 것이 어떨까?

Day 11

돈이 행복이라는
착각

삼가 모든 탐심을 물리치라.
사람의 생명이 그 소유의 넉넉한 데 있지 아니하니라.

- 누가복음 12:15

갓 결혼했을 때 우리 부부는 25,000달러짜리 작은 집에서 살았다. 당시의 월세가 지금도 정확히 기억이 난다. 정확히 213달러였다. 가진 것이 없을 때는 십 원 한 장을 낼 때도 벌벌 떨기 마련이니 월세 같은 목돈을 기억하지 못할 리가 없다. 그 쪽방이 우리가 감당할 수 있는 한계였다. 하지만 우리는 좋은 면을 보려고 애를 썼다. 예를 들어, 청소기의 코드가

사방 벽까지 닿고도 남아 플러그를 한번 꼽으면 뺄 필요가 없었다. 힘들게 계단을 올라갈 필요도 없고 끝에서 끝으로 뛸 필요도 없었다. 비좁지만 아늑한 집이었다.

중앙 난방은 되지 않았지만 집 안의 유일한 복도는 거의 온돌로 덮여 있었다. 좌우로 돌아갈 공간이 없었고 뛰어넘기에는 복도가 너무 길었다. 그래서 우리는 겨울에 발바닥이 타는 것을 피하기 위해 전력질주를 해야 했다. 창문은 이중 창문이 아니었기 때문에 겨울이면 창문 '안쪽'에 성에가 잔뜩 꼈다. 차에서 성에 제거기를 가져와 창문을 닦는 것은 내 일이었다. 사방 벽은 종잇장처럼 얇아 옆집에서 개가 짖거나 꼬르륵거리는 소리까지 또렷이 전해졌다. 우리가 사용하던 화장실은 아무리 생각해도 경비행기에서 떼어온 게 분명할 만큼 초라했다.

당시 우리는 둘 다 대학생이었고 말 그대로 최저 생계비에 훨씬 못 미치는 삶을 살았다. 일주일에 사흘은 라면으로 저녁식사를 대신할 정도면 말 다하지 않았는가? 어쩌다 시내로 데이트라도 나가면 냉수 두 잔에 애피타이저 하나를 시켜 나누어 먹는 것이 전부였다. 절대 6달러를 넘기지 않았다. 주인은 어떤지 몰라도 종업원들은 우리를 좋아했다.

그 시절로부터 몇 년이 지난 후 아내와 함께 침대에 누워

궁상맞았던 옛날을 이야기하며 깔깔거렸다. 그러다 갑자기 둘 다 조용해지고 이내 아내가 물었다. "어때요? 그때보다 지금이 더 행복해요?" 답은 뻔했다. "아니."

뭐, 특별한 이야기도 아니다. 다들 비슷한 이야기를 하나쯤은 갖고 있을 것이다. 우리는 돈이 진정한 만족을 주지 못한다는 사실을 경험적으로 충분히 알고 있다. 그런데도 늘 돈을 좇고 있으니 어찌된 일인지 모르겠다.

성경은 우리 삶의 가치가 얼마나 많이 가졌느냐로 평가되지 않고 부가 진정한 만족을 가져다주지 않는다고 수없이 강조한다. 그래서 바울은 젊은 디모데에게 이렇게 조언했다. "부를 추구하지 마라. 돈에 소망을 두지 마라. 돈은 너무도 불확실하다. 선한 행실에서 부하라. 먹을 음식이 있고 입을 옷이 있는 것으로 만족하라. '자족하는 마음이 있으면 경건은 큰 이익이 되느니라'"(딤전 6:6-19를 보라). 귀담아들을 만한 가치가 있는 조언이다.

오늘의 자기 부인

배우자나 친한 친구와 함께 '그때 그 시절'에 관한 이야기를 나눠 보라. 그러고 나서 스스로에게 물어보라. 그때보다 지금이 더 행복한가? 디모데전서 6장 6-19절을 읽고 나서 돈과 재물에 관한 바울의 조언들을 적어 보라. 당신이 오늘 가장 기억해야 할 구절들에 밑줄을 그으라.

Day 12

성취에
정신이 팔려 있다면

우리가 주목하는 것은 보이는 것이 아니요 보이지 않는 것
이니 보이는 것은 잠깐이요 보이지 않는 것은 영원함이라.
- 고린도후서 4:18

개인적인 성취는 더없이 강력하고도 매력적인 우상이다.
아이들의 예를 들어 보자. 보이스카우트와 걸스카우트는 좋
은 가치들, 특히 성취의 가치를 가르쳐 주는 유익한 조직들이
다. 끈을 매는 방법을 배우면 배지를 얻을 수 있다. 산에 올라
주어진 도전을 완수하면 형형색색의 '캠핑' 패치를 얻을 수 있
다. 스카우트 활동을 해 본 사람이라면 단장이 유니폼에 그 패

치를 달아줄 때의 자랑스러운 기분을 생생히 기억할 것이다.

고등학교 운동부에서는 유니폼을 받아 거기에 성과를 상징하는 핀과 패치를 추가하기 위해 밤낮으로 연습을 한다. 그런가 하면 합창대회 1등 상장이나 개근상, 우등 상장도 있다. 예를 들자면 끝이 없다. 많은 학생이 자신이 거둔 성과에서 정체성과 가치를 찾는다. 혹은 '언젠가' 거둘지 모르는 성과에 희망을 건다.

이렇게 배지로 도배된 조끼와 패치가 더덕더덕 붙은 점퍼, 선반이 내려앉을 듯 가득 찬 트로피, 리본, 핀, 메달, 성적표, 졸업장, 승진, 봉급 인상, 보너스가 모두 우리의 우상이 될 수 있다. 이 모두는 우리가 고생 끝에 성취한 것들에 대한 유형의 상징물이다.

성취 자체가 나쁘다는 뜻은 절대 아니다. 사실, 우리의 성취는 하나님을 영화롭게 하는 예배의 행위가 될 수 있다. 하지만 오직 성취에만 정신이 팔려 있는 마음에는 하나님이 들어오실 틈이 별로 없다. 그런 사람은 예배 자체도 '교회 출석'이나 '성경 통독' 같은 목록의 항목들에 체크를 해나가는 것으로 변질시키기 쉽다.

자신을 부인한다는 것은 일시적이고 가시적인 트로피들에 관심과 노력을 집중시키지 않는다는 뜻이다. 우리는 그 너머에 보이지 않는 것, 영원한 의미가 있는 것을 바라봐야 한다. "지극히 크고 영원한 영광의 중한 것을 우리에게 이루게 함이니"(고후 4:17).

오늘의 자기 부인

잠시 시간을 줄 테니 마음껏 자기 자랑을 해 보라. 가장 자랑스러운 상이나 성과는 무엇인가? 이번에는 질문을 좀 바꿔서, 누구의 칭찬을 가장 듣고 싶은가? 현재 무엇을 이루기 위해 노력하고 있는가? 노력 자체는 좋은 것이지만 가슴에 손을 얹고 생각해 보라. 노력하는 이유는 무엇인가? 자신을 증명해 보이기 위함이거나 누군가와 경쟁하기 위함인가? 안락한 삶을 이루고 싶은가? 사도 바울처럼 기도하라. "그러나 무엇이든지 내게 유익하던 것을 내가 그리스도를 위하여 다 해로 여길뿐더러 또한 모든 것을 해로 여김은 내 주 그리스도 예수를 아는 지식이 가장 고상하기 때문이라. 내가 그를 위하여 모든 것을 잃어버리고 배설물로 여김은 그리스도를 얻고"(빌 3:7-8).

Day 13

성공의 신을
버리지 못하면

—

예수께서 그를 보시고 사랑하사 이르시되 ··· 가서 네게 있
는 것을 다 팔아 가난한 자들에게 주라. 그리하면 하늘에서
보화가 네게 있으리라. 그리고 와서 나를 따르라 하시니
그 사람은 재물이 많은 고로 이 말씀으로 인하여
슬픈 기색을 띠고 근심하며 가니라.
- 마가복음 10:21-22

우리는 심지어 그의 이름도 모른다. 이 부자 청년이 당시
사람들 사이에서는 유명했을지 모르지만 우리는 그가 어떻
게 되었는지 전혀 모른다. 십중팔구 평생 돈만 좇아 점점 더
큰 부자가 되었을 것이다. 그와 예수님의 대화는 훌륭한 질문
으로 시작되었다. "영생을 얻기 위해서 어떻게 해야 합니까?"
문제는 이 부자 청년이 자신의 힘으로 성과를 거두는 삶

에 너무 익숙해져 있었다는 것이다. 그는 마음만 먹으면 무엇이든 해낼 수 있는 권력과 재력이 있었다. 사실, 그가 예수님께 그 훌륭한 질문을 던질 때조차 재빨리 성과 목록에서 하나의 항목을 지우고 곧바로 다음 프로젝트로 넘어갈 준비를 하고 있었을 것 같다.

하지만 예수님은 하나님께 겸손히 "제 힘으로는 할 수 없으니 도와주십시오"라고 말하는 삶을 성공한 삶으로 새롭게 정의하셨다. 한마디로, 예수님은 세상의 성공 기준을 완전히 뒤엎으셨다. 그래서 예수님은 부자 청년에게 단도직입적으로 말씀하셨다. 더 이상 자신을 의지하지 말라. 자신의 자원과 능력을 의지하지 말고 전적으로 나를 의지해라.

부자 청년이 "네"라고 대답했다면 혹시 지금 우리가 그의 이름을 알지도 모른다. 열두 제자가 아니라 열세 제자가 되었을지도 모른다. 게다가 다섯 번째 복음서가 우리 손에 있을지도 모른다. 하지만 "그 사람은 재물이 많은 고로 이 말씀으로 인하여 슬픈 기색을 띠고 근심하며 가니라."

이상하지 않은가? 돈이 많아서 슬프다고? 돈이 많아서 슬퍼하며 가는 사람은 없다. 퍼지기 직전의 고물 자동차를 몰기 때문에 슬퍼서 가는 사람만 있을 뿐이다. 그렇다면 그는 왜 그토록 슬퍼했을까?

그것은 포기할 것이 너무 많았기 때문이다. 그는 너무 많은 재물을 소유한 나머지 결국 역으로 그 재물에 소유를 당했다. 예수님은 이 부유한 젊은 통치자에게 가난한 젊은 종이 될 기회를 제시하셨다. 하지만 성공의 신이 그의 손을 잡고 끌고 가버렸다.

겸손은 예수님의 말씀에서 빠지지 않은 단골 주제다. 산상수훈에서 예수님이 가장 먼저 꺼내신 주제가 겸손이었다. "심령이 가난한 자는 복이 있나니 천국이 그들의 것임이요"(마 5:3).

여기서 '가난한 심령'은 은행 잔고나 보유 부동산의 규모를 말하지 않는다. 이는 자신의 부족함을 깨닫고 겸손히 도움을 요청하는 사람을 말한다. 부자 청년은 질문에 대한 답을 듣고도 받아들이지 못한 탓에 상상도 할 수 없는 놀라운 부를 코앞에서 놓치고 말았다.

오늘의 자기 부인

나름대로 성공을 정의해 보라. 성공하면 어떻게 될까? 하나님이 충성과 순종으로 성공을 평가하신다는 사실을 늘 기억하라. 마태복음 25장 21절을 읽고 나서 예수님이 당신을 어떻게 평가하실지 냉정하게 판단해 보라.

Day 14

세상을
로그아웃하라

나의 영혼이 잠잠히 하나님만 바람이여
나의 구원이 그에게서 나오는도다.

- 시편 62:1

아이티의 교회에서 처음 예배를 드렸던 순간을 평생 잊지
못할 것이다. 나보다 먼저 그곳에 선교 여행을 다녀온 친구
들에게서 5-6시간씩 진행되는 예배에 관해 들었다. 대부분의
사람들이 걸어서 찾아와 에어컨도 없는 비좁은 예배당 안에
발 디딜 틈도 없이 서서 예배를 드린다고 했다. 예배 후에 커
피나 차, 빵과 같은 간식도 일체 없다고 했다.

그런 열정이 놀랍기만 했다. 미국 교회의 목사들은 예배가 한 시간만 넘으면 성도들이 빠져나가기 시작한다며 한숨을 짓는다. 그 한 시간마저 지루하지 않게 양념처럼 노래와 춤, 멀티미디어를 끼워 넣어야 다음 주를 기약할 수 있다. 교회에 가기 위해 꼭두새벽부터 집을 나서 교회에서 반나절을 머물다가 뜨거운 뙤약볕 아래 터벅터벅 집으로 돌아가는 교인들을 상상해 보라. 동화 속에서나 나올 법한 장면처럼 들린다. 그래서 아이티에 가자마자 현지인 목사에게 차이가 뭐냐고 물어보았다. "아이티 사람들은 어떻게 하루 종일 예배를 드릴 수 있는 겁니까?"

내게는 그것이 정말로 미스터리였다. 나는 혹시 미국 교회의 돌파구를 찾을지 모른다는 기대감으로 그의 대답을 기다렸다. 하지만 그가 웃으며 내놓은 대답은 싱겁기 짝이 없었다. "여기서는 달리 할 일이 없거든요."

나도 따라 웃다가 순간, 그 대답의 심오한 의미에 두 눈이 번쩍 뜨였다. 그곳에는 텔레비전이나 라디오, 휴대폰, 노트북, 태블릿, 영화관 같은 것이 없었다. 다시 말해, 하나님의 경쟁자가 별로 없었다.

시편 기자는 하나님이 우리를 쉴 만한 물가로 인도하신다고 말했다(시 23:2). 예레미야 선지자는 하나님을 잠잠히 기다리는 것이 좋다는 것을 알았다(애 3:26). 예수님은 함께 한적한 곳에 가서 쉬자며 우리를 초대하신다(막 6:31). 하나님은 이런 표현을 사용하셨다. "가만히 있어 내가 하나님 됨을 알지어다"(시 46:10).

하나님의 경쟁자들을 제거하라. 과연 어떤 일이 벌어질지 시험 삼아서라도 한번 해 보라. 텔레비전을 끄고 페이스북을 로그아웃하고 음악을 끄고 게임기의 전원을 뽑고 하나님께로 시선을 돌리라.

오늘의 자기 부인

어떤 미디어나 엔터테인먼트에 푹 빠져 있는가? 그것이 없이는 도저히 살 수 없을 것만 같은 것이 있는가? 정말로 살 수 없는지 한번 시험해 보라. 도전해 보라. 다음 일주일간 '아이티 교인들의 생활로 가라!' 일 때문에 어쩔 수 없는 경우를 제외하곤 '미디어 금식'을 하라. 가장 놀라운 분께 온 신경을 집중하라. 그분만으로 충분하다는 것을 경험하게 될 것이다.

Day 15

한적한 곳으로
가라

너희는 가만히 있어 내가 하나님 됨을 알지어다.
내가 뭇 나라 중에서 높임을 받으리라
내가 세계 중에서 높임을 받으리라.

- 시편 46:10

2007년에 이루어진 한 흥미로운 사회 실험에 관한 〈워싱턴 포스트〉(*Washington Post*)지 기사를 읽은 적이 있다. 1월의 어느 추운 날 아침, 워싱턴 DC의 지하철역에서 한 남자가 약 45분간 바이올린으로 여섯 개의 바흐 작품을 연주했다. 편안한 복장에 야구 모자를 쓴 그가 연주하는 동안 수많은 사람이 출근이나 다른 용무를 위해 그 앞을 바삐 지나쳤다.

얼마 뒤 세 살배기 소년이 발걸음을 멈추고 음악을 듣자 엄마가 신경질적으로 그 아이를 당겼다. 그 뒤로도 몇몇 아이가 같은 행동을 했지만 부모들은 예외 없이 아이를 강제로 끌고 갔다. 한 여성은 1달러짜리 지폐를 그 앞에 던졌을 뿐 발길을 멈추지는 않았다. 총 20명 정도가 약 32달러의 돈을 주었지만 그중에서 음악을 감상하기 위해 발걸음을 늦춘 사람은 한 명도 없었다.

연주가 이어진 45분 동안 겨우 여섯 명이 가던 길을 멈추고 잠시 동안만 구경을 했다. 나중에 인터뷰를 해 보니 바이올린 소리조차 듣지 못한 사람이 태반이었다. 연주가 끝났을 때 아무도 눈길을 주거나 박수를 보내지 않았다.

그런데 그 남자가 누구였는지 아는가? 바로 세계적인 바이올리니스트인 조슈아 벨(Joshua Bell)이었다. 바로 이틀 전만 해도 그는 보스턴의 매진된 공연에서 연주를 했다. 그때 사람들은 똑같은 음악을 듣기 위해 평균 100달러 이상을 지불했다. 하지만 그 지하철역에서 행인들은 350만 달러(약 35억)에 달하는 바이올린의 케이스에 겨우 푼돈이나 던지고 지나갔다.

삶의 아름다움을 둘러 볼 시간도 없이 황급하게 인생길을 걸어가는 사람이 얼마나 많은가. 매일 아침 알람이 울리는 순간부터 파김치가 된 몸으로 침대에 쓰러지는 순간까지 우리의 하루는 휴대폰에서 라디오와 텔레비전 방송, 소셜미디어까지 온갖 '소음'으로 꽉 차 있다. "한적한 곳으로 가라. 들을 귀 있는 자들은 들으라. 가만히 있어 내가 하나님 됨을 알지어다." 우리를 향해 속삭이는 이런 '세미한 음성'이 세상의 소음에 묻혀 잘 들리질 않는다.

오늘의 자기 부인

바쁜 것이 벼슬인 줄 아는 세상이 되었다. 가만히 앉아 있은 적이 언제인가? 지금 한번 해 보라. 딱 5분 동안만 가만히 있어 보라. ("가만히 있는 것이랑 아무것도 하지 않는 것은 다른 거란다." 영화 〈베스트 키드〉(The Karate Kid)에서 스승이 제자에게 한 말로 기억한다). 이번 한 주 동안 라디오와 텔레비전을 꺼 보자. 휴대폰도 수시로 끄라. 저녁마다 한동안 기계들을 끄라. 자신에게 정적을 선물하라.

Day 16

사로잡거나,
잡히거나

우리가 육신으로 행하나 육신에 따라 싸우지 아니하노니
… 모든 생각을 사로잡아 그리스도에게 복종하게 하니.
- 고린도후서 10:3, 5

성경은 우리의 생각이 우리가 누구를 예배할지를 결정한다고 말한다. 그래서 잠언 4장 23절은 이렇게 말한다. "모든 지킬 만한 것 중에 더욱 네 마음을 지키라. 생명의 근원이 이에서 남이니라."

쉽게 풀이하자면 이렇다. 생각에 따라 무엇을 예배할지가 결정되기에 신중하게 생각하라. 이것이 성경이 우리에게 모든 생각을 사로잡으라고 명령하는 이유다.

심리학의 발달에 따라 이 기제가 점점 더 분명하게 드러나고 있다. 특히 인지심리학 분야는 생각이 태도와 감정, 행동을 형성하는 과정을 조사한다. 물론 이 모든 요소는 서로 얽혀 있지만 어디까지나 생각이 출발점이다.

전문가들은 우리가 처음 새로운 생각을 하면 그 생각은 마치 숲속에 길을 새로 뚫는 것과 비슷하다고 말한다. 새로운 생각은 우리의 뇌에 '신경 경로'(neural pathway)라는 것을 새긴다. 숲속의 길처럼 이 경로는 처음에는 잘 보이지 않는다. 하지만 이 길을 계속해서 사용하다 보면 오래지 않아 원래부터 있었던 길처럼 변한다.

아이들과 청소년들일수록 생각의 길을 뚫는 활동이 특히 더 활발하지만 어른들도 역시 새로운 경로를 뚫는다. 컴퓨터 스크린 위에 야구 모자를 얹은 채 포르노를 본 젊은이에 관한 연구 보고서를 읽은 적이 있다. 시간이 지나자 그 젊은이는 야구 모자만 봐도 성적 흥분을 느끼기 시작했다. 마음에 쉽게 바꿀 수 없는 경로가 깊이 새겨진 것이다. 명심하라. 이것은 마음 전쟁이다.

우리 모두는 전장으로 나가야 한다. 적을 사로잡아야 한다. 어슬렁거리는 모든 생각을 사로잡아 예수님의 명령에 복종시켜야 한다. 모든 생각을 사로잡는다는 것은 모든 생각을 땅바닥에 넘어뜨려 억지로 예수님께 복종시킨다는 뜻이다. 둘 중 하나는 사로잡히게 되어 있다. 진리의 힘으로 우리의 생각을 사로잡든가 우리가 거짓된 생각에 사로잡히거나 둘 중 하나다.

오늘의 자기 부인

머릿속에서 어떤 생각의 경로들을 강화시키고 있는가? 그 생각들이 당신을 어디로 이끌고 있는가? 빌립보서 4장 8절은 우리 생각의 삶을 위한 좋은 필터가 된다. 그 구절을 읽고 암송하라. 하나님께 머릿속에 무엇을 넣을지 잘 가려서 선택하도록 도와달라고 기도하라.

Day 17

예수의 종이 되는 기쁨

———

예수 그리스도의 종이며 사도인 시몬 베드로는 우리 하나
님과 구주 예수 그리스도의 의를 힘입어 동일하게 보배로
운 믿음을 우리와 함께 받은 자들에게 편지하노니
하나님과 우리 주 예수를 앎으로
은혜와 평강이 너희에게 더욱 많을지어다.
- 베드로후서 1:1-2

베드로는 두 번째 편지를 시작할 때 자신을 '예수님의 친
구이며 변화산 현장에 있었고 오순절에 초빙된 특별 강사'라
고 소개하지 않고 그저 '종 … 시몬 베드로'라고만 썼다. 아니,
더 정확히 번역하면 '노예 시몬 베드로'다. 야고보는 "하나님
과 주 예수 그리스도의 종 야고보"(약 1:1)라는 말로 편지의 포
문을 연다. 바울이 로마인들에게 보낸 편지는 "예수 그리스

도의 종 바울"(롬 1:1)이라는 자기소개로 시작된다.

우리는 대부분 열심히 공부해서 좋은 대학에 가고 좋은 직장에 들어가 돈을 많이 벌고 큰 집에서 살며 좋은 차를 끌고 남부럽지 않은 휴가를 즐겨야 한다고 배우며 자랐다. 아이들에게 커서 뭐가 되고 싶냐고 물으면 그런 가치관이 깊이 배어 있는 대답이 돌아온다. 커서 노예가 되겠다고 말하는 아이는 단 한 명도 없다. 특히 지난 역사 때문에 우리는 노예라는 개념에 대한 반감이 대단하다. 하지만 분명 성경은 우리를 노예로 부르고 있다. 성경은 인생 최대의 소명이 예수님의 노예가 되는 것이라고 가르친다.

물론 예수님과 우리의 관계에는 다른 측면도 많다. 예컨대 예수님은 죄인들의 친구이며 최고의 스승이시고 교회의 머리시다. 그분은 약속된 메시아이며 만왕의 왕이시고 전능하신 하나님이다. 우리는 잃은 양이고 그분은 선한 목자시다. 우리는 죄인이고 그분은 우리의 구주시다. 하지만 우리가 예수님을 "주님"이라고 부를 때는 이런 측면들을 지칭하는 것이 아니다. 그것은 바로 "당신은 주인이시고 저는 종입니다"라고 말하는 것이다.

예수님을 "주님"이라 부르면서 자신을 노예로 생각하지 않는 것은 모순이다. 두 단어는 불가분의 관계에 있다. 이해

하지 못하는 사람들에게는 제정신이 아니고 황당한 소리처럼 들릴지 모르지만 우리는 이런 노예의 삶을 '좋아서' 선택했다. 누구도 우리에게 예수님의 노예가 되라고 강요하지 않았다. 우리는 사랑으로 인해 기꺼이 그분을 주인으로 모시기로 선택했다.

우리가 가진 모든 것, 우리의 존재를 주님께 온전히 맡길 때 세상에서 가장 이상한 역설을 발견하게 된다. 그것은 바로 예수님의 노예가 되어야만 비로소 진정한 자유를 찾을 수 있다는 것이다.

오늘의 자기 부인

'노예'와 '죄'라는 단어를 써 보라. 각 역할에 대해 어떤 단어와 개념들이 머릿속에 떠오르는가? 주인에 대한 노예의 책임은 무엇인가? 노예에 대한 주인의 책임은 무엇인가? 오늘 자신을 다시금 예수님의 노예로 바치는 기도를 드리고, 인자하고 완벽한 주인이신 주님께 감사하라.

십자가인가,
안락인가

누구든지 자기 목숨을 구원하고자 하면 잃을 것이요 누구
든지 나와 복음을 위하여 자기 목숨을 잃으면 구원하리라.

- 마가복음 8:35

천성적으로 우리는 '십자가'보다 '안락'을 추구하는 존재
다. 소파와 컨트리클럽, 온천, 담요가 인기가 있는 데는 다 그
만한 이유가 있다. 혹시 소매 달린 담요 광고를 본 적이 있는
가? 처음에는 우스꽝스럽다고만 생각했다. 하지만 보면 볼수
록 나도 하나 갖고 싶어졌다. 급기야 아내가 밸런타인데이에
어떤 선물을 받고 싶냐 묻자 나도 모르게 "소매 달린 담요"라

고 대답하고 말았다. 다 큰 어른의 입에서 그런 말이 나오다니 한심할 것이다. 하지만 소매 달린 담요가 너무 좋은 것을 어쩌겠는가! 마침내 택배가 도착하자 아차 싶었다. "잠깐만, 나에게 이미 이것과 비슷한 게 있었지. 그리고 지금보니 기껏해야 등에 걸칠 수 있는 담요일 뿐이군."

마찬가지로 교회에 이런 담요 신학이 깊이 파고들었으니 안타깝기 짝이 없다. 많은 교회가 성도들을 최대한 편안하게 해 주려고 애쓴다. 담요 신학은 예수님을 따르는 모든 이에게 건강과 부를 약속한다. 십자가 이야기는 쏙 빼놓고 고급 승용차와 으리으리한 집 이야기만 한다. 하지만 담요의 이미지와 십자가의 이미지를 비교해 보라. 하나는 안락을 상징하고 다른 하나는 고통과 희생을 상징한다. 하나는 편안함을 약속하고 하나는 희생을 요구한다.

많은 사람이 이런 담요 신학에 빠져있다. 하지만 건강이 나빠지거나 돈이 궁해지면 담요 신학의 부작용이 드러나기 시작한다. 계약과 달리 건강과 부를 지켜주지 않은 하나님을 의심하고 원망하기 시작한다. 편안하고 따뜻한 담요를 걸칠 줄 알았는데 느닷없이 십자가를 지라는 말을 듣는 순간, 얼굴이 구겨진다.

예수님 제자들의 슬로건은 "매일 죽으라"이고, 심벌마크는 십자가다. 논지는 자신, 곧 자신의 꿈과 성취, 안위를 전부 내려놓아야 한다는 것이다. 알다시피 죽으면 자신의 삶에 더 이상 미련이 없어진다. 대신 마음껏 그리스도를 위해 살 수 있게 된다.

오늘의 자기 부인

개인적으로 당신에게는 매일 죽는 것이 어떤 의미인가? 예수 그리스도를 따르기 위해 버린 것이나 버린 사람이 있는가? 실질적인 희생이 따를 정도로 자신을 부인한 적이 있는가?

Day 19

매일 노력하는 것만으로는
부족하다

—

내가 행하는 것을 내가 알지 못하노니 곧 내가 원하는 것은
행하지 아니하고 도리어 미워하는 것을 행함이라 … 이제
는 그것을 행하는 자가 내가 아니요 내 속에 거하는 죄니라.

- 로마서 7:15, 17

예수님은 십자가 위에서 죄를 박살내셨다. 하지만 죄의
시체가 여전히 살아 있는 자들의 땅에 널브러져 있어 악취가
진동을 한다. 죄는 여전히 모든 것에 강력한 영향력을 발휘하
고 있다. 죄는 의의 강력한 적수다.

로마서 7장에서 바울의 한탄을 듣노라면 남 이야기 같지
가 않다. 한 가지 죄에 대해 승리를 거뒀다 싶으면 또다시 어

디선가 죽음의 지독한 악취가 날아온다. 나도 하지 않겠노라 다짐했던 짓을 또다시 하고 있는 나 자신을 보고 환멸에 빠질 때가 한두 번이 아니다. 이런 내 모습이 정말 밉다.

하지만 미워하는 것이 좋은 출발점이다. 물론 나 자신이 아니라 죄를 미워해야 한다. 왜냐하면 하나님도 죄를 미워하시기 때문이다. 성령에 거룩하다(구별되다, 하나님께 바쳐지다)는 의미의 '성'이란 표현이 붙은 데는 다 이유가 있다. 또한 하나님은 언제나 새로운 라운드를 위해 나를 다시 일으켜 세우신다. 그래서 넘어져도 아직 끝이 아니다. 하나님은 죄를 이기기 위해 필요한 모든 도움을 주신다고 약속하셨다. 하나님께 도움을 요청하기만 하면 그분이 우리 안의 짐승을 무장 해제하신다. 그분이 우리 삶 속에서 악한 습관들을 하나씩 몰아내신다.

예수님을 따르기가 말처럼 쉽지 않다며 한숨을 짓는 사람이 많다. 아무리 노력해도 자꾸만 곁길로 빠지는 자신이 한심스럽기만 하다. 한번은 어떤 청년에게서 이런 이메일을 받은 적이 있다. "팬에서 제자로 나아가라는 도전의 말씀, 정말 감사합니다. 예수님의 제자가 되기 위해 매일 '노력'하고 있습니다."

기특하기는 하지만 그런 태도로는 실패할 수밖에 없다.

'매일 노력하는 것'만으로는 부족하기 때문이다. 위의 이메일에서 글자 하나만 살짝 바꾸면 결과가 완전히 달라질 것이다. "팬에서 제자로 나아가라는 도전의 말씀, 정말 감사합니다. 예수님의 제자가 되기 위해 매일 죽고 있습니다."

오늘의 자기 부인

로마서 7장 15-25절을 읽으라. 삶의 어떤 영역에서 바울의 말에 공감하는가? 선을 행하고 싶은데 행하지 못하는 영역은 무엇인가? 떨쳐내고 싶은 죄의 목록은 무엇인가? 종이에 적어 보라. 그러고 나서 그 목록을 기도로 하나님 앞에 내려놓고 우리 주 예수 그리스도를 통해 구원해 주심에 감사 드리라(롬 7:25).

성공의 유혹에
인생을 건 사람들

—

블레셋 사람들의 방백들이 싸우러 나오면 그들이 나올 때
마다 다윗이 사울의 모든 신하보다 더 지혜롭게 행하매
이에 그의 이름이 심히 귀하게 되니라.

- 사무엘상 18:30

초등학교 4학년 때 나는 매일 쉬는 시간마다 친구들과
'언덕 위의 왕' 놀이를 했다. 방법은 간단하다. 모든 아이들이
언덕 위에서 서로를 아래로 떠밀었다. 그러다 쉬는 시간이
끝나는 종소리가 울릴 때 언덕 꼭대기에 남아 있는 사람이
왕이 되는 것이었다. 지금은 대부분의 학교에서는 위험하다
는 이유로 이 놀이를 금지한 것으로 알고 있다. 하지만 나는

이 놀이를 정말 좋아했다. 이유가 무엇인지 아는가? 지금의 내 덩치가 4학년 때의 덩치이기 때문이다. 4학년 때 나는 벌써 면도를 할 정도로 성장이 빨랐다. 나는 자타공인 언덕 위의 왕이었다.

왕 노릇은 짜릿하기 그지없었다. 하지만 나보다 덩치와 키가 큰 전학생이 오면서 슬슬 걱정이 되기 시작했다. 설상가상으로 이 학생은 여자애였다. 그냥 여자애가 아니라 카우보이 부츠를 신은 선머슴이었다. 그 애는 머리를 땋은 다른 여자애들을 놀렸고, 풀을 먹는 무시무시한 모습까지 보였다. 아니나 다를까, 첫날부터 그 애는 왕 놀이를 하겠다고 나섰다. 그 애는 부츠의 굽을 땅바닥에 박고서 냅다 내게 달려들었다. 그날 학교 종이 울렸을 때 나는 그 애에게 왕좌를 빼앗겼다. 나는 더 이상 왕이 아니었다.

그런데 세상을 살다 보니 언덕 위의 왕은 단지 아이들만의 놀이가 아니다. 언덕 위의 왕 놀이에 인생을 건 사람이 얼마나 많은가. 무슨 수를 써서라도 꼭대기에 오르고 그곳에서 절대 내려오지 말라. 성공의 유혹은 너무도 달콤해 보인다. 지위, 권위, 명성, 영향력, 테이블의 상석, 주차장의 지정석, 명함 위로 빛나는 직함, 왕관, 트로피, 승진, 상장…. 성공은 점수를 얻는 방법을 알아내서 점수를 기록하는 것이다.

성경에서는 '성공'이란 단어를 좀처럼 사용하지 않는 대신 그와 아주 비슷해 보이는 '복'이란 단어를 주로 사용한다. 요즘에도 "나는 성공한 사람이다"란 의미의 좀 더 겸손한 표현으로 '복'이란 단어를 사용한다. "정말 아름다운 집이군요. 스포츠카와 요트, 정말 부럽습니다."

손님들이 칭찬을 하면 우리는 느끼한 겸양을 떤다. "다 하나님이 복을 주신 덕분이죠."

하지만 이 두 단어는 엄연히 다르다. '성공'은 우리 스스로 이룬 것에 대해 사용하는 표현이고, '복'은 우리가 스스로 해 낸 것이 아니라 다른 누군가가 해 준 것을 의미한다. 쉽게 말해, 성공은 일구어내는 것이고 복은 받는 것이다. 따라서 "나는 성공했다"는 스스로에게 영광을 돌리는 말이고, "나는 복을 받았다"는 하나님께 영광을 돌리는 말이다.

오늘의 자기 부인

진정한 성공은 예수님께 칭찬을 받는 순간이다. "잘하였도다, 착하고 충성된 종아"(마 25:21, 23절). 예수님은 당신의 성공을 어떻게 평가하실까? 마태복음 5장 1-12절의 산상수훈에서 예수님이 어떤 복을 말씀하셨는지 보라. 당신은 이 중에서 어떤 복(심령이 가난한 자, 애통하는 자 등)을 받았는가? 3분 동안 생각나는 대로 복을 적어 보라. 그러고 나서 그토록 복을 후히 주신 하나님께 감사하는 기도를 하라.

Day 21

예수 안에 만족하기 전까지는
진정한 만족은 없다

너희가 먹든지 마시든지 무엇을 하든지
다 하나님의 영광을 위하여 하라.
- 고린도전서 10:31

음식은 좋은 것이다(방금 "아멘"이란 소리가 들린 듯한데, 맞는가).
하지만 하나님이 주신 모든 선물이 우리를 그분에게서 멀어
지게 만드는 사탄의 미끼로 변질될 수 있다.

　　현대의 대도시들에서 음식의 우상들은 밤낮으로 쉬지 않
고 일하고 있다. 맛있는 광경과 향기가 가득한 레스토랑으로
들어가 보라. 종업원이 여러 장을 묶은 두툼한 메뉴판을 건

넨다. 페이지마다 입맛을 돋우는 사진들이 빼곡하다. 누구도 단순히 배를 채우기 위해 그런 곳에 들어가지 않는다. 목적은 '만족'이다. 그렇지 않은가? 한 조각의 천국을 맛보려는 것이다. 실제로 우리는 음식에다 천국이니 영혼이니 하는 표현을 갖다 붙이기 좋아한다. '천상의 맛을 내는 케이크.' '이 세상의 것 같지 않은 파이', '영혼의 음식', '천사들의 케이크', '신들의 음료….'

음식은 우상과 결부될 수 있다. 예를 들어 유기농 음식 외에는 입에 대지 않는 사람들에게는 건강이 곧 우상이다. 다이어트에 목숨을 거는 사람들에게는 외모가 곧 우상이다.

식탐을 부리든 건강을 위해서 먹든 음식을 창조하신 하나님이 아닌 다른 것을 섬길 수 있다. 물론 성경에서 음식은 언제나 하늘에서 오는 선물이다. 아담과 하와에게 풍부한 먹거리를 준 분은 다름 아닌 하나님이셨다. 하나님은 우리가 단순히 생존하기 위해서 먹는 것이 아니라 음식을 '즐기도록' 설계하셨다. 그래서 다채로운 음식과 맛을 창조하셨다. 심지어 "기쁨으로 네 음식물을 먹고"(전 9:7)라는 말씀까지 하셨다.

하지만 하나님 안에서 만족을 찾기 전까지는 진정한 만족은 없다. 예수님은 스스로를 "생명의 떡"이라 부르셨다(요 6:35). 그래서 그분께로 가면 더 이상 굶주리지 않는다. 또한 그분을 믿으면 다시는 목마를 일이 없다. '그분'이야말로 우리가 진정으로 찾고 있는 음식이다.

오늘의 자기 부인

음식 앞에 앉을 때마다 그것을 공급해 주신 하나님께 감사하는 기도를 하라. 음식에 지배 당하지 말라. 음식이 당신의 죄책감을 덜어줄 수는 없다. 음식으로 스트레스를 풀어 봐야 그때뿐이다. 하나님이 육체적으로나 영적으로나 우리에게 필요한 모든 것을 공급해 주셨다는 사실을 인정하고 감사하라.

Day 22

금식을 통한
자기 부인

금식할 때에 너희는 외식하는 자들과 같이 슬픈 기색을 보이지 말라. 그들은 금식하는 것을 사람에게 보이려고 얼굴을 흉하게 하느니라 … 너는 금식할 때에 머리에 기름을 바르고 얼굴을 씻으라. 이는 금식하는 자로 사람에게 보이지 않고 오직 은밀한 중에 계신 네 아버지께 보이게 하려 함이라. 은밀한 중에 보시는 네 아버지께서 갚으시리라.

- 마태복음 6:16-18

어릴 적 우리 가족은 교인들과 함께 각자 싸온 음식을 먹곤 했다. 그런데 대부분의 음식은 비트와 참치, 스팸, 벨비타 치즈, 젤로(Jell-O, 젤리푸딩)와 함께 버무린 땅콩버터에 남은 음식을 섞은 샐러드처럼 맛없는 것들이었다. 우리 할머니가 자주 사오셨던 절인 당근도 단골 메뉴였다. 나는 엄마에게 제발 치킨이나 아이스크림 같은 별미를 가져가자고 졸랐다. 교회에서는 이런 교제의 시간을 자주 가진다. 그런데 금식하며 교제하는 행사가 있다는 말은 한 번도 들어본 적이 없다.

금식은 영적 목적을 위해 자발적으로 음식을 삼가는 것이다. 하지만 요즘 기독교에서는 금식을 무시한 지 오래되었다. 금식에 관한 설교를 마지막으로 들은 적이 언제인가? 아무래도 교회들은 금식을 금식하고 있는 것만 같다. 금식은 성경에서 77번이나 언급되었다. 그리고 하나님은 비록 금식을 명령하시지는 않았지만 예수님은 우리가 당연히 금식할 줄로 생각하고 계신 듯하다(보다시피 예수님은 "금식하게 되면"이 아니라 "금식할 때에"라고 말씀하셨다).

금식은 속성 다이어트와 다르다. 금식의 목표는 '장 청소'나 단기간에 살을 빼는 것이 아니다. 남들에게 영적으로 보이거나 하나님의 눈에 들기 위해서 하는 것도 아니다.

금식은 상실이나 죄에 대한 슬픔의 표현이다. 금식을 한다는 것은 육체를 다스리고 하나님에 대한 의지를 가시적으로 표현하는 것이다.

수천 년 동안 하나님의 백성들은 기도를 뒷받침하거나 안전을 확보하기 위해 금식을 했다. 신약의 성도들은 하나님의 인도하심을 구하기 위해 금식했다. 예수님도 공생애를 시작하시기 전에 광야에서 40일 밤낮으로 금식하셨다.

금식을 통해 몸이 가장 원하는 것을 부인하면 우리를 지탱해 주시는 하나님께로 더 가까이 나아갈 수 있다.

오늘의 자기 부인

남들에게 알리지 말고 조용히 금식을 선포하라. 마른 청바지나 비키니를 입기 위해서, 심지어 자신의 절제력을 기르기 위해서가 아니라 하나님과 시간을 보내겠다는 목적으로 금식하라. 1-3일간 물만 마시는 금식을 하거나 1-2주간 특정한 음식을 절제하라. 이 세상의 음식보다 하나님과 그분의 말씀을 더 갈망하게 해 달라고 기도하라.

Day 23

불평을 멈추고
예배의 자리로

—

모든 일을 원망과 시비가 없이 하라. 이는 너희가 흠이 없고
순전하여 어그러지고 거스르는 세대 가운데서 하나님의 흠
없는 자녀로 세상에서 그들 가운데 빛들로 나타내며.

- 빌립보서 2:14-15

관찰해 본 결과 불평하는 정신이 일상을 오염시키고 있다.
일터와 집, 소셜미디어에서 불평의 정신이 전염되고 있다.

지지하는 후보가 선거에서 지면 우리는 사회의 모든 문제
에 대해 다른 당을 비난한다. 응원하는 팀이 토너먼트에서 탈
락하면 심판이 편파적이라거나 감독이 무능력하다고 불평한
다. '자녀가 스스로 뒷정리를 하지 않는다.' '남편이 무정하게

군다.' '회사가 일만 많이 시키고 봉급은 짜게 준다.' '아내가 싸 준 도시락이 형편없다.' '겨울은 너무 길고 여름의 무더위는 너무 일찍 찾아온다.'

이런 불평거리를 읽으며 고개를 끄덕이는 당신의 모습이 눈에 선하다. 심지어 맞장구를 치며 이어서 자신의 불평거리를 나열하는 사람도 있을 것이다.

하나님의 백성들도 불평에 빠지기가 쉽다. 솔직히 불평이 죄는 아니지 않은가? 불평은 살인이나 간음, 강도질에 비하면 그리 해롭지 않아 보인다. 가끔 투덜댄다고 해서 거짓말이나 시기처럼 남들에게 특별한 해를 끼치지는 않는다.

하지만 불평은 무엇이 우리에게 진정으로 중요한지를 드러낸다. 불평은 우리 마음의 중심에 무엇이 있는지를 보여 준다. 푸념은 예배의 반대라고 할 수 있다. 예배는 하나님께 영광을 돌리고 그분이 해 주신 일을 인정하는 것인 반면, 푸념은 하나님을 무시하고 그분이 해 주신 일을 잊어버렸다는 증거다.

그래서 바울은 사실상 이렇게 말했다. 흠이 없고 싶은가? 순전한 삶을 살고 싶은가? 구름 한 점 없는 밤하늘에서 반짝이는 별처럼 빛나는 삶을 살고 싶은가? 그렇다면 투덜거리지 말라. 말다툼을 하거나 불평하지 말라. 징징거리지 말고 예배하려고 노력하라.

오늘의 자기 부인

하나님의 도우심 없이는 불평을 끊을 수 없다. 하지만 오늘 하루만 노력해 보자. 예수님의 제자로서 무엇이든 불평하지 말고 하라. 불평하고 싶은 생각이 들면 즉시 예배로 돌입하라. 불평의 유혹이 밀려오면 즉시 감사로 받아치라. 시편을 읽고 기도하고 찬송을 듣고, 하나님이 이미 행하신 일에 감사하라. 일주일간 지속해 보라. 친한 친구들이나 가족들과 함께 서로 격려하고 채찍질하면서 해 보면 성공 확률이 확실히 높아질 것이다.

Day 24

바람 같은 쾌락을
멀리하며

헛되고 헛되며 헛되고 헛되니 모든 것이 헛되도다 …
모든 만물이 피곤하다는 것을 사람이 말로 다 말할 수는
없나니 눈은 보아도 족함이 없고 귀는 들어도 가득 차지
아니하도다. 이미 있던 것이 후에 다시 있겠고 이미 한 일을
후에 다시 할지라. 해 아래에는 새 것이 없나니 …
내가 해 아래에서 행하는 모든 일을 보았노라. 보라.
모두 다 헛되어 바람을 잡으려는 것이로다.
- 전도서 1:2, 8-9, 14

텔레비전 채널만 2백 개가 넘는 이 첨단 기술의 시대에
왜 일상이 지루한 사람이 그토록 많은지 궁금하지 않은가?
과학 분야의 저자 위니프레드 갤러거(Winifred Gallagher)는 따분
함이 대체로 최근에 발생한 문제이며 아직도 많은 문화권에
서는 없는 문제라고 진단한다.

갤러거는 오랫동안 나미비아의 원주민들을 연구해 그들

의 언어를 완전히 익힌 한 서구 인류학자의 이야기를 소개했다. 이 인류학자는 원주민들의 언어에서 '따분함'에 해당하는 단어를 찾으려고 오랫동안 노력했지만 도무지 찾을 수가 없었다. 이 원주민들은 따분하다는 것을 전혀 이해하지 못한다. '따분함'에 그나마 가장 가까운 단어는 '피곤함'뿐이다. 사실, 영국에서도 '따분함'이란 단어는 산업 시대 이전에는 존재하지 않았다. 아이러니하게도 현대 엔터테인먼트가 막 태동하면서 따분해 하는 사람들이 나타났다.

지혜로운 솔로몬 왕 시대에도 따분함에 해당하는 단어는 없었던 듯하다. 대신 그는 '바람을 잡으려는' 것처럼 헛되다는 표현에 그 의미를 담아냈다. 잠시 이 책을 내려놓고 밖으로 나가 3분간만 바람을 잡아 보라. 자, 이제 돌아왔는가? 결과가 어떤가?

솔로몬은 쾌락과 재미를 누구보다도 열심히 추구했다. 그는 전혀 자신을 부인하지 않고 뭐든 닥치는 대로 즐겼다. 그 매우 방탕한 생활인 주지육림의 끝에서 그가 내린 결론은 전부 다 헛되다는 것이었다. "이젠 다 지겹다."

A. W. 토저(Tozer)는 우리의 내적 삶에 생동감이 넘칠수록 외부의 자극이 불필요하다고 말했다. 그러니까 마음과 영혼의 활동이 활발할수록 미디어와 같은 외부의 입력에 의존할

필요성이 줄어든다. 사도 바울은 이런 표현을 사용했다. "너희 몸을 하나님이 기뻐하시는 거룩한 산 제물로 드리라. 이는 너희가 드릴 영적 예배니라. 너희는 이 세대를 본받지 말고 오직 마음을 새롭게 함으로 변화를 받아"(롬 12:1-2).

우리는 하나님을 위해 지음을 받았다. 그래서 그분에게서 즐거움을 찾지 못하고 이 세상의 즐거움을 좇으면 결국 공허함에만 빠질 뿐이다.

오늘의 자기 부인

당신 스스로에게 다음과 같은 질문을 던지고 답해 보라. 당신이 좋아하는 엔터테인먼트의 형태들에는 무엇이 있는가? 당신은 언제 어디서 가장 즐거워하는가? 어떤 미디어에 가장 중독되어 있는가? 앞으로는 심심할 때 텔레비전이나 휴대폰을 켜지 말고 마음을 새롭게 하기 위한 활동을 하기로 결심하라(힌트: 예배와 성경이 좋은 출발점이다).

세상이 감당하지 못한
영웅들

—

사람이 친구를 위하여 자기 목숨을 버리면
이보다 더 큰 사랑이 없나니.

- 요한복음 15:13

우리는 종종 타인을 위해 자신을 희생했다는 현실 속 영웅들의 이야기를 여러 매체를 통해 듣게 된다. 생명이라는 가장 큰 대가를 치른 사람들, 머나먼 전장의 병사, 맹렬히 타오르는 화마 속으로 몸을 던지는 소방관, 아무 상관도 없는 행인을 구하기 위해 위험 속으로 뛰어든 시민의 이야기는 전설이 되어 사람들에게 오랫동안 회자된다. 심지어 이를 기억하기 위해 기념비가 세워지기도 한다. 남을 위한 희생보다 더 큰 위대함은 없다.

이런 영웅 중에는 우리가 알고 기억하는 이름들도 있다. 하지만 이름 없이 사라진 영웅들도 있다. 기억하지 못한다고 영웅이 아닐까? 그들도 유명한 위인들과 똑같은 영웅임에는 틀림이 없다.

노아와 아브라함, 이삭, 야곱 같은 옛 영웅들을 나열한 히브리서 11장은 '믿음의 장'이란 별칭으로 불린다. 요셉과 모세, 기드온, 삼손, 그리고 위대한 다윗 왕까지 눈에 익은 이름들이 눈에 들어온다.

그러다가 어느 순간 생소한 이름들이 나타난다. 얼굴 없는 사람들, 그럼에도 엄연히 영웅인 사람들이다. 그들은 "심한 고문을 받되 구차히 풀려나기를 원하지 아니하였으며 또 어떤 이들은 조롱과 채찍질뿐 아니라 결박과 옥에 갇히는 시련도 받았으며 돌로 치는 것과 톱으로 켜는 것과 시험과 칼로 죽임을 당하고 양과 염소의 가죽을 입고 유리하여 궁핍과 환난과 학대를 받았으니"(히 11:35-37).

이어서 이들에 대한 짧지만 강력한 칭찬이 나타난다. "이런 사람은 세상이 감당하지 못하느니라"(38절).

나는 예수님이 당신에게 무엇을 요구하실지 알 수 없다.

당신이 어떤 식으로 자신을 부인하게 될지는 모르겠다. 일단, 쾌락만큼은 확실히 포기해야 할 것이다. 아마도 남들의 인정과 박수갈채에 대한 기대를 접어야 할 것이다. 정욕과 권력의 신들을 부인해야 할까? 물론이다. 생명 자체를 내려놓아야 할까? 어쩌면 그럴 수도 있다.

하지만 내가 확실히 아는 것이 하나 있다. 당신의 희생은 그만한 가치가 있을 것이다. 그리고 언젠가 예수님이 세상에 돌아오시면 당신은 "죽기까지 자기들의 생명을 아끼지 아니" 하여 참소하던 자를 이겨낸 승리자의 대열에 합류해 자리에 앉게 될 것이다(계 12:10-11을 보라). 그리고 마침내 예수님께 "잘하였도다"라는 칭찬을 듣게 될 것이다.

오늘의 자기 부인

신문을 조금만 뒤져보면 전 세계의 크리스천들이 믿음으로 인해 박해를 받고 있는 현실을 확인할 수 있다. 오늘, 박해받는 형제자매를 위해 기도하라. 그들이 극심한 고통 가운데서도 하나님의 임재를 느끼고 그리스도의 몸에 연결되어 있다는 사실을 잊지 않게 해 달라고 기도하라. 그들이 박해자들을 용서하고 사랑하게 해 달라고 기도하라. 그들이 고난 가운데서도 즐거워하고 하나님의 말씀을 통해 새로운 힘을 얻으며 믿음이 자라나게 해 달라고 기도하라. 그들이 같은 신자들의 기도를 통해 강해지게 해 달라고 기도하라. 그들의 증언으로 인해 가족들이 죽거나 다치거나 감옥에 갇힐 때 그들이 하나님의 위로를 경험하게 해 달라고 기도하라.

제자의 기도 2

"나를
부인하겠습니다"

하나님, 예수님을 닮아갈수록 조금씩 내 자신을 버리다가, 결국에는 내 자신을 완전히 버려야 하는 줄 알고 있습니다. 그럴 때만이 당신이 나를 위해 예비하신 진짜 삶을 발견할 수 있는 줄 압니다. 나를 내려놓고 당신을 위해서 사는 것이 훨씬 더 좋은 줄 압니다.

하지만 쉽지가 않습니다. 나 자신으로 살아가는 것이 더 편합니다. 나는 이기적입니다. 원하는 것을 갖고 싶고 요구가 많습니다. 툭하면 권리의식에 사로잡혀 살아갑니다. 자만한 것이 아니라 야망이 큰 것처럼 나의 동기를 숨기곤 합니다. 하루 종일 나의 욕심만 생각하면서 겉으로는 나 자신을 부인한 것처럼 행동하곤 합니다. 나를 부인하는 것이 쉽지 않습니다.

나를 솔직히 들여다보면 나의 진짜 모습이 보입니다. 이

기도로 나 자신을 내려놓고 싶은 마음이 간절합니다. 내게 하나님이 필요합니다. 이기적인 나의 마음을 바꿔 주십시오. 옳은 길로 가게 힘을 주십시오. 내 안에 거하시는 성령으로 인해 내가 자신을 부인할 수 있다고 하셨죠? 이 말씀을 믿습니다. 성령은 강하십니다. 하나님을 신뢰합니다. 나 자신을 부인하고 예수님을 따르겠습니다.

하나님, 권리의식에 빠져 욕심을 부리고 자신의 안위를 추구하며 이기적으로 사는 나 자신이 점점 줄어들어 하나님 안에서 완전히 사라지기를 기도합니다.

아멘.

Part 3

가장 충격적인 부르심,
와서 죽으라

Come and die

제자로 살아가는
25일

제자로 살아가는
25일

───────────

우리는 예수님을 따르겠다는 결심으로 이 책을 시작했다. 예수님을 따르라는 초대에 진정으로 응답하고 그분을 더 깊이 알고 더 깊이 사귀는 것이 출발점이었다. 하지만 어떤 것들을 포기하지 않고서는 예수님을 온전히 따를 수 없다. "누구든지 나를 따라오려거든 자기를 부인하고"(마 16:24).

이번 지점에서는 진정한 제자가 되기 위해 예수님을 추구하는 것에 초점을 맞추자. 추구란 특별한 목적과 결과를 바라보는 활동이다. '목적에 따라' 산다는 개념을 함축하고 있다. 우리는 예수님의 사명에 우리 삶을 바쳐야 한다. 그분의 눈으로 사람들을 바라보고 그분의 사랑으로 사람들을 사랑해야 한다. 언제나 하나님 나라를 우선시하고 그 나라의 원칙들에 따라 살아야 한다. 각자의 공동체 안에서 의미 있는 관계들을 맺고 아름다운 변화를 일으켜야 한다. 남들의 필요를 채워 주고 섬겨야 한다. 그것이 하나님 백성의 의무이기 때문이 아니라 우리가 섬기는 예수님이 그렇게 사셨기 때문이다. "그의 안에 산다고 하는 자는 그가 행하시는 대로 자기도 행할지니라"(요일 2:6).

이 말씀을 늘 기억하라.

Day 1

자, 무엇을
선택하겠는가?

———

그러므로 이제는 여호와를 경외하며 온전함과 진실함으로
그를 섬기라. 너희의 조상들이 강 저쪽과 애굽에서 섬기던
신들을 치워 버리고 여호와만 섬기라. 만일 여호와를 섬기
는 것이 너희에게 좋지 않게 보이거든 … 너희가 섬길 자를
오늘 택하라. 오직 나와 내 집은 여호와를 섬기겠노라.

- 여호수아 24:14-15

모세는 집 없는 이스라엘 백성들을 수세대 동안 노예로
붙잡혀 있던 애굽에서 이끌고 나왔다. 그 과정에서 하나님은
열 가지 재앙을 내리고 홍해를 가르며 하늘에서 만나를 내리
고 바위에서 물을 내는 등의 놀라운 능력을 보여 주셨다. 심
지어 낮에는 구름기둥과 밤에는 불기둥이라는 초자연적인
내비게이션 시스템까지 동원하셨다.

하나님이 이렇게까지 하셨는데도 이스라엘 백성들의 믿음은 도무지 자랄 줄을 몰랐다. 틈만 나면 징징거리고 푸념했다. 그 바람에 한 달쯤 예상했던 도보여행이 무려 40년에 걸친 캠핑 여행으로 변하고 말았다. 모세를 비롯해서 애굽을 떠난 세대 전체는 몇 백 년 전 하나님이 아브라함에게 약속해 주신 땅에 결국 들어가지 못하게 되었다. 그러는 사이에 여호수아가 모세를 이어 하나님 백성의 지도자가 되었고, 그가 새로운 세대를 이끌고 약속의 땅으로 들어갔다.

하지만 새로운 땅을 차지하기 전에 한 가지 확실히 해야 할 일이 있었다. 어느덧 백발이 성성해진 여호수아는 고별사를 전하기 위해 온 백성을 한 자리에 모았다. 흥미롭게도 그는 백성들에게 하나님을 따르라고 강요하지 않았다. 대신 한 분이신 참된 하나님 '외에' 세 가지 선택 사항을 제시하고 나서 각자에게 선택권을 넘겼다. "누구를 섬길지 알아서 선택해라." 여호수아의 말이 함축하듯이 일단 우리는 모두 예배자로 태어났다. 우리에게는 예배자의 피가 흐르고 있다. 문제는 내가 예배자인가가 아니라 누구 혹은 무엇을 예배할 것인가이다.

그리고 중요한 사실을 놓치지 마라. 우리는 스스로 선택한 신 혹은 하나님을 섬기게 되어 있다. 주로는 자진해서, 때로는 의무적으로, 심지어는 매번 후회하면서도 섬긴다. 주인은 언제나 종을 다스린다.

- 부모나 조부모가 선택한 '낡은' 신을 선택하면 절대 부응할 수 없는 가족의 기대 앞에 절을 하게 된다.
- 부모의 품에서 벗어나 '새로' 만난 신들을 선택하면 결코 만족을 줄 수 없는 것들을 좇는 노예로 전락한다.
- '토박이' 신들(성적 쾌락, 재미, 성공)을 섬기면 그 신들을 섬겼던 이전 세대들만큼이나 처절한 패배를 경험할 수밖에 없다.

혹은 여호수아와 같은 선택을 할 수도 있다. "나와 내 집은 여호와를 섬기겠노라." 이것이야말로 진정한 삶과 지고한 의미, 심오한 목적으로 이어지는 선택이다. 여호와를 섬기면 우리의 영원이 달라진다. 자, 무엇을 선택하려는가?

오늘의 결단

우리의 선택은 어떤 신을 섬기고 있는지 보여 주는 좋은 지표다. 당신이 어떤 선택을 내리고 있는지 철저히 평가해 보라. 삶을 위해서 무엇을 선택하는가? 돈을 어떻게 다루는가? 어떤 텔레비전 프로그램을 보는가? 누구와 친하게 지내는가? 어떤 웹 사이트를 주로 방문하는가? 무엇을 입는가? 무엇을 먹는가? 무엇을 생각하는가? 이번 주에 자신이 무엇을 하거나 선택하는지 유심히 살펴보라. 무엇을 선택하느냐를 보면 그 사람이 누구 혹은 무엇을 섬기는지를 꽤 정확히 판단할 수 있다.

Day 2

아직
늦지 않았다

———

항상 주의 일에 더욱 힘쓰는 자들이 되라.
이는 너희 수고가 주 안에서 헛되지 않은 줄 앎이라.
- 고린도전서 15:58

우리 모두는 영향력 있는 사람이 되길 원한다. 자리나 차지하고 있는 사람이나 시간을 낭비하는 사람이 되고 싶지는 않다. 하지만 아무리 생각해도 지금은 너무 늦어 보인다. 사역자로 나서기에는 현재의 분야에 발을 들여놓은 지 너무 오래 되었다. 어리석은 선택을 너무 많이 했다. 너무 나이가 들었다. 어깨의 짐이 너무 많다. 도무지 이 습관들을 끊을 자신이 없다. 테이프를 되감거나 삭제 버튼을 누를 방법이 없다. 이젠 너무 늦었다.

선교 현장으로 부름받지는 못하더라도 어떤 식으로든 하나님의 일을 할 기회가 있었는데 그 기회를 놓치고 말았는가? 이웃을 섬기라는 하나님의 음성을 느꼈지만 결국 모른 체 몸을 돌렸는가? 한때는 이웃들을 만나 이름을 알려고 노력했지만 많은 사람이 이사를 가버렸다. 처음부터 다시 시작하려니 어색하고 부담스러운가? 하나님이 가정의 영적 리더로 부르시는 것을 느꼈지만 아무리 생각해도 그럴 자격이 없어 보였는가? 그러다 보니 어느새 아이들이 신앙을 떠나 비행을 일삼고 심지어 아예 가출해 버렸는가? 돌이키기에는 너무 늦어 보이는가?

'처음부터 다시' 버튼을 어떻게 누를지 알 수 없다. 여느 사람들처럼 무엇을 어떻게 해야 할지 몰라 넋 놓고 앉아 있다. 하지만 예수님과 함께하기에 아직도 늦지 않았다. 새로운 출발을 하기에 전혀 늦지 않았다.

바울은 원래 어떤 사람이었는가? 크리스천들을 벌벌 떨게 만든 살인자 사울이었다. 사울 같은 사람도 늦지 않았다면 당신과 나는 전혀 늦지 않았다. 지금부터라도 얼마든지 하나님께 자복하고 그분을 위해 일할 수 있다. 아무렇게나 살던 옛 버릇을 벗고 목적에 따라 살기에 아직 늦지 않았다.

"형제들아, 너희는 삼가 혹 너희 중에 누가 믿지 아니하는 악한 마음을 품고 살아 계신 하나님에게서 떨어질까 조심할 것이요. 오직 오늘이라 일컫는 동안에 매일 피차 권면하여"(히 3:12-13).

오늘의 결단

지금까지 살면서 가장 후회되는 일을 한두 가지만 꼽아 보라. 예전으로 돌아가면 어느 직업 분야를 선택했을까? 어떤 기회를 이용했을까? 무언가를 하라는 하나님의 음성을 느꼈는데 애써 모른 체했던 적이 있는가? 주님께 무엇을 어떻게 해야 할지 알려 달라고 기도하라. 그리고 "그(하나님)의 음성을 듣거든 … 너희 마음을 완고하게 하지 말라"(히 3:15).
오늘 무엇을 할지 써 보라. 첫 걸음을 떼고 과감히 행동하라.

Day 3

행동보다
먼저 마음

모든 지킬 만한 것 중에 더욱 네 마음을 지키라.
생명의 근원이 이에서 남이니라.
- 잠언 4:23

'마음'이 무엇인가? 히브리 문화에서 마음은 사람의 중심
이나 핵심을 의미했다. 마음은 영적 중심이었으며, 거기서 생
명의 흘러나왔다. 성격과 동기, 감정, 의지까지 '모든 것'이 마
음에서 비롯했다.

'마음'에 해당하는 히브리어는 '견과의 알맹이'를 의미한
다. 마음은 우리의 진정한 정체성을 반영한다. 이 개념을 알

면 '마음을 지키는 것'이 왜 그토록 중요한지 이해할 수 있다. 마음은 우리의 생각과 감정, 행동이 흘러나오는 근원이다.

수원(水源)이 날마다 새로운 쓰레기로 끊임없이 오염될 때 강의 하류를 청소하는 것이 얼마나 무의미한지를 생각해 보라. 그럴 때 하류를 청소하는 것은 애써 언덕까지 바위를 밀어 올렸더니 바위가 또 다시 굴러 떨어지기를 반복하는 상황과 비슷하다.

문제의 원인이 아닌 지저분한 하류를 청소하느라 얼마나 많은 세월을 허비하고 있는가? 눈에 보이는 대로 여기저기서 쓰레기를 한 줌씩 줍는 '행동 개조'에 초점을 맞추기가 너무도 쉽다. 하지만 그래봐야 증상만 완화할 수 있을 뿐이다. 그것은 장기적인 문제에 대한 단기적인 해법에 불과하다. 마치 심장에 깊은 상처를 입었는데 팔꿈치에 달랑 밴드 하나 붙이는 꼴이다. 물론 행동 변화가 아무런 효과가 없는 것은 아니다. 다만 문제의 핵심은 어디까지나 마음이다.

성령의 안내를 따라 상류로 올라가 근원적인 문제를 고쳐야 한다. 상류까지 올라가려면 이만저만 고생스럽지 않지만 그만한 보람이 반드시 있을 것이다.

오늘의 결단

일종의 '영적 마음 테스트'로서 다음과 같은 질문에 관해 깊이 고민하고 답해 보라. 무엇에 실망하는가? 주로 무엇에 불평하는가? 어떤 부분에서 재정적인 희생을 하는가? 어떤 걱정을 하는가? 마음에 상처를 입었을 때 어디로 가는가? 무엇에 분노하는가? 당신의 꿈은 무엇인가? 다음과 같은 하나님의 약속을 외우라. "너희가 온 마음으로 나를 구하면 나를 찾을 것이요 나를 만나리라"(렘 29:13).

Day 4

하나님의 임재를
연습하라

—

항상 기뻐하라. 쉬지 말고 기도하라.
범사에 감사하라. 이것이 그리스도 예수 안에서
너희를 향하신 하나님의 뜻이니라.
- 데살로니가전서 5:16-18

로렌스 형제(Brother Lawrence)가 유명한 것은 가수 조이 로
렌스(Joey Lawrence)의 형제이기 때문이 아니다. 로렌스 형제는
수도원 주방에서 냄비와 프라이팬을 설거지하면서 '하나님의
임재를 연습하는' 법을 배웠던 중세의 수도사다.

로렌스 형제의 헌신을 존경하기는 하지만 설거지는 내 취
향이 아니다. 하지만 꼭 설거지가 아니더라도 하나님의 임재

속에 조용히 거할 시간을 일부러 내야 한다. 내 방법은 아침마다 내 생각과 바람, 계획을 하나님 앞에 내려놓는 시간을 따로 떼어놓는 것이다. 아침까지 어제의 성공에 취해 있거나 어제의 실패에 무기력해져 있어서는 곤란하다. 나는 "하나님을 찾으면 찾을 것"(마 7:7-8을 보라)이라는 확신으로 매일 하나님을 따르기로 새롭게 결심한다.

단, 하나님과의 만남이 끝나면 인사를 하고 나서 내 길로 가는 것이 아니다. 나는 하루 종일 나와 동행하시겠다는 주님의 초대를 받아들인다. 계속해서 그분과 대화를 하고 싶다고 말씀드린다. 출근길에도, 회의실에서도, 주방을 청소할 때도 틈틈이 의식적으로 그분께 말을 걸고 귀를 기울인다. 그렇게 늘 그분의 임재를 연습하고 그분이 내 기도를 유심히 들을 줄로 기대한다.

나는 매일 하나님과 보내는 시간을 육체적 운동처럼 다루지 않는다. 운동은 한 번 땀을 쫙 빼고 나서는 다음날까지 쉰다. 하지만 하나님과 함께하는 '영적 운동'은 끊이지 않아야 한다. 그래야 하루의 삶을 혼자 달리는 것보다 더 효과적이고도 기쁘게 달릴 수 있다.

오늘의 결단

매일의 '영적 운동' 시간을 갖지 않았다면 지금부터라도 시작하라. 처음에는 5-10분만 해도 좋다. 앞으로 며칠 동안 시편 63편 1-8절을 읽으며 하루를 시작해 보라. 큰 소리로 읽고 그 시편에 따라 기도하라. 그러고 나서 하루 중에 틈틈이 영적 근육을 단련시킬 시간과 방법을 찾으라.

Day 5

성경, 하나님의 영감에
귀 기울이라

———

성경은 능히 너로 하여금 그리스도 예수 안에 있는
믿음으로 말미암아 구원에 이르는 지혜가 있게 하느니라.
모든 성경은 하나님의 감동으로 된 것으로 교훈과 책망과
바르게 함과 의로 교육하기에 유익하니 이는 하나님의
사람으로 온전하게 하며 모든 선한 일을 행할
능력을 갖추게 하려 함이라.
- 디모데후서 3:15-17

늦은 오후에 음악대학의 문이 닫힌 연습실 복도를 지나가
본 적이 있는가? 그런 적이 있다면 필시 인상을 찌푸리며 귀
를 막았을 것이다. 음악가들이 저마다 다른 악기로 다른 곡을
연주한다고 상상해 보라. 그 결과는 귀에 거슬리는 불협화음
이다. 피아노 음이 트롬본과 충돌하고, 첼로가 튜바와 대결을
벌인다. 음악이 도무지 섞이지를 않는다.

성경도 이렇게 보일 수 있다. 페이지를 넘기다 보면 잡다한 것을 만나게 된다. 피로 얼룩진 전쟁사, 정중한 서신, 음모와 배신의 지저분한 드라마, 서정시, 무시무시한 예언, 지루한 법률 문서들, 도움을 요청하는 절박한 외침, 관능적인 사랑의 노래…. 하나의 통일된 프레젠테이션을 기대했다가는 실망할 수밖에 없다. 어쩔 때는 음들이 마구 충돌하는 지독한 불협화음처럼 들린다.

하지만 디모데에 따르면 성경의 모든 말씀은 하나님의 영감으로 된 것이다. 때문에 각 장이 유용하고 각 후렴구가 유익하다. 시편 기자의 솔직한 시에 감동을 받는다. 오바댜의 무자비한 선포에 충격을 받는다. 바울의 선교 모험에 푹 빠져든다. 욥의 한탄에 자신도 모르게 눈물이 흐른다. 노골적인 아가를 읽노라면 나도 모르게 얼굴이 붉어진다. 예수님의 말씀은 감동 그 자체다. 이 모든 성경의 목표는 우리가 예수님처럼 살고 그분과 함께 걷고 그분의 사명에 동참하도록 훈련시키는 것이다.

그러니 한 번에 한 책, 한 장, 한 절씩 하나님의 말씀에 귀를 기울이라. 하지만 듣기만 하는 데서 그치지 말고 들은 대로 순종하라. 들은 대로 순종할수록 더 많이 듣게 된다. 그리고 순종하면 하나님이 당신을 통해 이루려고 계획하셨던 "모든 선한 일을 행할 능력을 갖추게" 된다.

오늘의 결단

성경을 펴서 읽기 시작하라. 어디서부터 시작할지 잘 모르겠는가? 스마트폰에 성경 앱을 다운로드해서 여러 가지 효과적인 성경 읽기 계획 중 하나를 선택하라. 무엇보다도 오늘 당장 시작하라. 하나님이 주실지 모르는 말씀을 기록할 수 있도록 공책을 한 권 마련하면 좋다. 유치하게 들릴지 모르겠지만 당신의 순종은 하나님의 귀에 음악과도 같다.

Day 6

늘 성경을
펴 두라

사람이 떡으로만 사는 것이 아니요
여호와의 입에서 나오는 모든 말씀으로 사는 줄을
네가 알게 하려 하심이라.

- 신명기 8:3

매일 성경을 읽는 것은 가치가 있는 습관이다. 성경은 우리에게 영적 양식을 공급해 주고 평강에 대한 목마름을 해소해 준다. 또한 죄를 깨우쳐 주고 하나님의 은혜를 상기시켜 준다. 물론 성경은 쉽게 손에 잡히지 않기 때문에 늘 관심을 가져야 한다. 십중팔구 당신이 하루에 성경을 몇 장을 읽었는지 검사해 주는 사람은 없을 것이다. 하지만 이 세상에 성경

만큼 중요한 것은 극히 드물다.

미국 성서 협회(American Bible Society)에 따르면 미국 인구의
절반 이상이 성경을 자주 읽지만 매일 읽는 사람은 15퍼센트
에 불과하다고 한다. 남부 지방 사람들과 노인들이 최고다.
매일 성경을 읽지 않는 데 대한 변명은 거의 동일하다. "너무
바빠서."

당신은 어떤가? 좀 치사하게 들릴지 모르지만 소셜네트
워크에 얼마나 많은 시간을 사용하는가? 인스타그램 피드나
소셜커머스 사이트의 품목을 얼마나 자주 확인하는가? 텔레
비전이나 비디오 게임기 앞에 얼마나 오래 앉아 있었는가?
우리는 뉴스를 보거나 소설을 읽는 데는 꽤 많은 시간을 투자
한다. 하지만 정작 생명의 능력을 지닌 유일한 말씀은 거들떠
보지 않는다.

뭐든 자주 먹는 것이 맛있어지는 법이다. 다른 것들에서
눈을 떼면 하나님의 말씀이 점점 더 매력적으로 다가온다. 다
시 말해, 우리의 삶에 성경 읽기를 더하려면 뭔가를 빼야 한
다. 빼면 당장은 손해같지만 결국은 이익이다.

오늘의 결단

새로운 습관을 기르기 위해 (단 몇 분이라도) 성경을 매일 같은 시간, 같은 장소에서 읽으라. 성경책을 늘 펴놓거나 성경 읽기 시간에 알람을 맞춰 놓으라. 이 25일간의 여행 중 남은 기간 동안 계속해서 연습해 보라. 시간이 남는다면 하나님 말씀의 능력을 찬양한 시편 119편을 읽어 보라. 하나님 말씀의 여러 가지 이름을 눈여겨 보라. 예를 들어, 율법이나 율례 등이 있다. 그런 다음에는 하나님 말씀의 모든 유익을 기록해 보라.

Day 7

제자의 삶은
무릎에서 시작된다

—

이러므로 하나님이 그를 지극히 높여 모든 이름 위에 뛰어
난 이름을 주사 하늘에 있는 자들과 땅에 있는 자들과 땅
아래에 있는 자들로 모든 무릎을 예수의 이름에 꿇게 하시
고 모든 입으로 예수 그리스도를 주라 시인하여 하나님
아버지께 영광을 돌리게 하셨느니라.

- 빌립보서 2:9-11

나이를 먹을수록 무릎에 신경이 쓰인다. 예전에는 달리
다 넘어지거나 농구를 하다가 상처를 입을 때만 무릎에 신경
을 썼다. 하지만 지금은 무릎이 영 시원치가 않다. 인간의 몸
에서 가장 큰 관절인 무릎은 일어섰을 때 내 몸 전체를 지탱
해 줄 만큼 강한 동시에 몸이 움직일 때마다 구부러질 정도로
유연하다. 내 두뇌는 공을 세차게 차도록 무릎에 명령을 내릴

수 있지만 작은 망치로 내 무릎을 가볍게 두드리면 반사적으로 구부러지는 것을 막을 수 없다.

무릎은 매일 밤 침대 옆의 바닥이나 매일 아침 서재에서 주님 앞에 꿇을 수 있게 해준다. 이 외적인 자세는 내면의 영적 자세에 대한 표현이다. 구부러진 무릎은 겸손한 마음을 보여준다.

유명한 정신과 의사 칼 융(Carl Jung)은 한 랍비에 관한 이야기를 하곤 했다. 누군가가 랍비에게 물었다. "옛날 시대에는 하나님이 사람들에게 자주 나타나셨는데 왜 요즘은 그분을 통 볼 수 없죠?" 지혜로운 랍비는 이렇게 대답했다. "그건 요즘에는 하나님을 볼 수 있을 만큼 무릎을 낮게 굽히는 사람이 없기 때문이죠."

예수님은 이 자세의 완벽한 본보기를 보여 주셨다. 사도 바울은 예수님이 자신을 위해 하나님의 본성을 사용하실 수도 있었지만 "자기를 낮추시고 죽기까지 복종하셨으니"(빌 2:6-7을 보라) 예수님은 '하나님 카드'를 꺼내시지 않았다. 대신 인간의 존재로 내려오신 것도 모자라 아예 종의 자세로서 무릎을 꿇으셨다. 그럴 때 하나님이 그분을 높여 주셨다.

우리도 이런 자세를 취하도록 부르심을 입었다. 교만으로 들끓는 이 세상에서 하나님의 아들이요 딸로서 반문화적인 자세를 취하자. 예수님의 명령에 따라 남들을 우리 자신보다 더 낮게 여기자. 하나님을 조금이라도 엿볼 수 있도록 함께 그리고 개인적으로 무릎을 꿇자.

우리보다 큰 사람 앞에서 교만하게 서 있다고 해서 우리가 커지는 게 아니다. 오히려 "하나님은 교만한 자를 대적하시되 겸손한 자들에게는 은혜를 주시느니라"(벧전 5:5).

하나님을 추구하는 삶은 언제나 무릎에서 시작되어야 한다.

오늘의 결단

빌립보서 2장 1-4절을 읽으면서 남들에 대한 겸손을 묘사한 구절에 밑줄을 그으라. 오늘 남들의 유익을 추구할 실질적인 방법을 알려 달라고 기도하라. 주님이 주시는 답을 써서 실천하기로 결심하라. 어떤 이들에게는 기도하기 위해 무릎을 꿇는 것이 단순히 육체적으로 불편한 것이 아니라 자존심이 상하는 것일수도 있다. 실제로 무릎을 꿇는 행위에는 굴욕적인 면이 있다. 그런데 바로 그것이 핵심이다. 조용한 곳을 찾아 무릎을 꿇고 하나님께 도우심을 요청하라. "주님, 당신이 필요합니다." 이 짧은 세 마디로 기도를 시작하라.

Day 8

섬기고, 주고,
사랑하라

—

임금이 대답하여 이르시되 내가 진실로 너희에게 이르노니
너희가 여기 내 형제 중에 지극히 작은 자 하나에게 한 것이
곧 내게 한 것이니라 하시고.

- 마태복음 25:40

가끔 예수님이 마태복음 25장에서 해 주신 이야기가 생각
난다. 이 이야기는 비유의 형식을 따르고 있지만 사실상 비유
가 아니다. 이 이야기는 예수님이 이 땅에 다시 오실 때 실제
로 벌어질 상황을 정확히 묘사하고 있다.

그날 예수님은 세상 모든 사람을 두 부류로 나누실 것이
다. 오른편에는 의로운 '양들', 왼편에는 악한 '염소들'로 분류

하실 것이다. 예수님은 두 부류에게 약간 다른 이야기를 하실 것이다. 양들에게는, 내가 굶주리고 목마를 때 너희가 나를 먹였다. 내가 낯선 자일 때 너희가 나를 너희 집에 초대해 대접해 주었다. 내가 옷이 필요할 때 너희가 깨끗한 셔츠와 바지를 주었다. 내가 아플 때에는 내가 완쾌될 때까지 간호해 주었다. 내가 감옥에 갇혔을 때에는 너희가 면회를 와 주었다.

듣는 이들은 어리둥절해서 물을 것이다. "저희가 언제 그렇게 했습니까? 저희는 주님이 굶주리거나 목마르신 줄도 몰랐습니다. 주님이 언제 낯선 사람이었습니까? 언제 옷이 없어 고생하셨습니까? 주님이 아픈 모습을 본 기억이 없습니다. 언제 제가 주님의 면회를 갔습니까? 언제 저희가 주님의 필요를 채웠습니까?" 양들은 머리를 긁적이고 서로 어리둥절한 눈빛을 교환하며 대답을 기다린다.

마침내 예수님이 침묵을 깨고 말씀하신다. "너희가 여기 내 형제 중에 지극히 작은 자 하나에게 한 것이 곧 내게 한 것이니라"(마 25:40).

이에 온 무리가 미소를 지으며 한목소리로 "아하"라고 답한다. 그러고 나서 예수님이 그들에게 하나님 나라의 유산이라는 복을 상으로 주신다.

하지만 왼편에 서 있는 자들에게는 싸늘한 질책을 하신다. 내가 굶주리고 목마를 때 너희는 식은 밥조차 줄 생각을 하지 않았다. 내가 낯선 사람일 때 너희는 못 본체 지나갔다. 내가 옷이 없어 벌벌 떨 때 너희는 몇 겹이나 껴입은 옷에서 한 벌조차 벗어 주지 않았다. 내가 아파도 거들떠보지도 않았다. 내가 감옥에 있을 때 너희는 그저 남의 문제로 치부했다.

예수님의 말을 듣고 염소들은 거의 울먹이며 말한다. "예수님이 그런 상황에 처하신 것은 한 번도 본 적이 없습니다. 언제 저희가 주님을 외면했습니까? 당신인 줄 알았다면 저희가 가만히 있었겠습니까?"

그러자 예수님이 대답하신다. "이 지극히 작은 자 하나에게 하지 아니한 것이 곧 내게 하지 아니한 것이니라"(마 25:45). 이 말씀을 끝으로 악한 염소들은 영원한 형벌을 받기 위해 끌려간다.

이 짧은 이야기는 분명한 사실을 말해 준다. 당신과 나는 이 땅에서 예수님을 보게 될 것이다. 혹시 이미 보았는가? 혹시 오늘 출근하다가 그분을 보았는가? 혹시 그분과 같은 사무실에서 근무하고 있는가? 혹시 그분이 당신 옆집에 살고 있는가? 혹시 신문에서 그분이 체포되었다는 기사를 읽었는가? 그분을 보면 알아볼 수 있겠는가? 무엇보다도, 그분을 알

오늘의 결단

이 개념의 적용은 분명하다. '지극히 작은 자'를 섬길 기회를 열심히 찾으라. 변명("돈을 줘봐야 술이나 사 마실 거야." "자초한 일이야." "정말 사랑해 주기 힘든 사람이야")은 하지 말라. 섬기고 주고 사랑하라. 그리스도를 섬길 기회를 놓치지 마라.

Day 9

선택을 보면
섬기는 신을 알 수 있다

백성이 대답하여 이르되 우리가 결단코 여호와를 버리고
다른 신들을 섬기기를 하지 아니하오리니 … 우리도 여호
와를 섬기리니 그는 우리 하나님이심이니이다.

- 여호수아 24:16, 18

기독교 철학자 피터 크리프트(Peter Kreeft)는 "유신론의 반
대는 무신론이 아니라 우상숭배다"라고 말했다. 모든 사람(심
지어 무신론자도)이 어떤 종류든 신을 섬기고 있다. 그것은 원래
우리가 예배자로 창조되었기 때문이다. 예배의 성향은 우리
의 유전자 코드에 포함되어 있다. 인간과 예배는 불가분의 관
계에 있다. 예배는 몸과 마음, 감정을 가진 모든 인간이 창조

될 때부터 내장된 기능이다.

문제는 누구 혹은 무엇을 예배할지 '선택'하는 것이다. 선택 사항은 수없이 많고, 그 중 대부분은 '종교적이지' 않다. 당신은 누구 혹은 무엇에 소망을 두는가? 무엇을 좇는가? 쉽게 말해, 무엇에 주로 관심을 쏟고 살아가는가?

다음과 같은 질문에 답해 보면 당신이 어떤 신을 섬기고 있는지 어느 정도 가늠할 수 있다.

- 쉬는 날이나 쉬는 시간을 어떻게 보내는가?
- 누구를 친구로 삼고 위급한 상황에서 누구를 찾아가는가?
- 먹고 살기 위해 무엇을 하는가?
- 돈을 어떻게 다루는가?
- 텔레비전에서 어떤 프로그램을 보고 어떤 웹 사이트를 주로 방문하는가?
- 어떤 옷을 입는가(혹은 어떤 옷을 사고 싶은가)?
- 어떤 음식을 먹는가?
- 무엇을 주로 생각하는가?
- 주일에 무엇을 하는가?
- 어떤 종류와 수준의 교육을 받았는가, 혹은 받고 있는가?
- 매일 하나님과의 시간을 따로 정해 두었는가?

"내가 어떤 신을 섬기고 있는가?"라고 물을 필요 없이 당신의 선택 사항들을 보라. 당신에게는 선택의 자유가 있다. 하지만 잘 선택하기란 그리 쉽지 않다.

오늘의 결단

- 어떤 선택들을 주로 하고 있는가?
- 친구와 가족들의 선택에 영향을 받고 있는가?
- 주변 문화의 영향은 어떠한가?

위 질문들에 대해 답해 보라. 잠시 당신의 답을 돌아보라. 그리고 나서 이스라엘 백성들의 말을 차용하여 다음 문장을 완성해 보라.

"우리가 결단코 여호와를 버리고 (   )을 섬기기를 하지 아니하오리니 … 우리도 여호와를 섬기리니 (   )때문이니이다."

Day 10

나의 힘으로
애쓰지 말라

—

내가 아버지께 구하겠으니 그가 또 다른 보혜사를 너희에
게 주사 영원토록 너희와 함께 있게 하리니.

- 요한복음 14:16

나는 캔자스의 작은 시골 마을에서 자란 소녀와 결혼했
다. 얼마나 작은지 궁금한가? 처갓집이 있는 마을을 알려 주
는 표지판에는 다음과 같은 글귀가 포함되어 있다. "지저분
한 도로 옆의 마차 바퀴에서 우회전하시오."

그 도로를 따라 수백 킬로미터를 가면 농장이 하나 나온
다. 아내는 그곳에서 자랐다. 내가 찾아갈 때마다 처갓집 식

구들은 나를 편안하게 해 주려고 애 쓰지만 처갓집에 갈 때마다 이방인이 된 기분이 드는 것은 어쩔 수 없다.

추수감사절이 되면 처갓집 남자들은 다들 만찬을 마친 뒤에 말 그대로 전투복을 멋지게 차려입고 사냥을 하러 나갈 준비를 한다. 30분쯤 후 집 안을 둘러보면 성인 남자는 나밖에 없다. 주방으로 가서 사과 파이를 만드는 여자들에게 물어본다. "남자들은 다 어디로 갔어요?"

그러면 장모가 대답한다. "남자들은 전부 밖에 나갔지." 다 나간 건 아닌데! 나만 빼고 다른 남자들은 다 지프를 타고 사슴 사냥을 나간다. 아무도 나에게 같이 가자고 권하지 않는다. 처갓집 남자들이 나를 무시하는 것은 아니다. 아니, 다들 나를 좋아하고 심지어 존경하기까지 한다. 단지 나를 어찌 대해야 할지를 모를 뿐이다.

성령에 대해 많은 크리스천들의 태도가 이와 같다. 그들은 삼위의 세 번째 분에 대해서는 어찌 할 바를 모른다. 그분이 자신들을 아버지와 예수님께 연결시켜 주는 분이라는 사실을 이해하지 못한다. 우리는 이번만큼은 정말로 변하겠다고 자신과 남들 앞에서 공언한다.

하지만 우리의 결심은 언제나 용두사미로 끝난다. 우리는 자신의 힘으로 예수님의 명령을 따르려고 애를 쓴다. 하지만 과연 그렇게 해서 원수를 사랑하고 가해자를 용서하고 언제나 남의 이익을 먼저 챙기는 것이 가능할까? 우리 힘으로는 어림도 없다. 성령으로 충만하지 않은 채 예수님을 따르면 매번 실패하고 좌절할 수밖에 없다.

나쁜 소식부터 전하겠다. 우리 자신의 힘으로는 예수님이 부르시는 삶을 살 수 없다. 하지만 좋은 소식이 있다. 우리의 힘으로 살 필요가 없다. 이번에는 더 좋은 소식이다. 크리스천으로서 우리는 내주하시는 성령을 통해 그분의 능력을 사용할 수 있다.

오늘 하나님께 성령의 능력을 달라고 기도하고 나서 그 능력이 어떻게 나타나는지 유심히 관찰해 보라. 그 능력은 가족에 대한 남다른 인내로 나타날 수도 있고 평소에 쉽게 넘어가던 유혹을 이겨내는 모습으로 나타날 수도 있다. 정신을 차리기 힘든 고난의 한복판에서 초자연적인 평강을 누리게 될 수도 있다. 하나님이 이 선물을 주셨으니 꼭 포장을 풀어 열어 보기를 바란다.

오늘의 결단

현재 어떤 속수무책의 상황 앞에 놓여 있는가? 인생의 어떤 영역에서 자신의 힘으로 헤쳐 나가려고 버둥거리고 있는가? 매번 지키지 못하면서 또다시 하는 약속은 무엇인가? (자신을 솔직히 돌아보고 나서 자신의 약점을 글로 써 보라) 이제 그 목록을 갈라디아서 5장 22-23절에 기록된 성령의 열매와 비교해 보라. 어떤 영역에서 성령의 능력으로 승리를 얻어야 할지 확인해서 그 영역을 매일 그분께 맡기라.

Day 11

성령의 무빙워크를
타라

살리는 것은 영이니 육은 무익하니라.
내가 너희에게 이른 말은 영이요 생명이라.
- 요한복음 6:63

얼마 전 온 가족이 함께 히스파니올라 섬으로 한 달간 선교 여행을 갔다가 애틀랜타 공항으로 돌아왔다. 비행기가 착륙하자 각자 짐을 챙겨 비행기를 갈아타는 곳까지 기나긴 행군을 시작했다. 여행을 할 때면 아내와 나는 역할을 분담한다. 한 사람은 짐들을 하나로 묶고 한 사람은 그것을 메고 다닌다. 이번에도 나 혼자서 대여섯 개의 짐을 대롱대롱 맨 채로 걸었다. 짐들 위로 내 머리만 쏙 나왔으니 얼핏 보면 짐 꾸러미가 저절로 걸어가는 것처럼 보였다. 코너를 돌자 약 100미터쯤 되는 복도가 나타났다. 거기서 아내와 아이들은 모두 무빙워크를 탔다. 하지만 나는 짐을 넓게 메고 있어서 무빙워크를 탈 수 없었다. 상상이 가는가? 아내와 아이들은 무빙워크 위에서 편안한 표정으로 나를 쳐다봤다.

반면에 내 몸에서는 땀이 비 오듯 흘러내렸다. 나는 가족들과 보조를 맞추려고 애썼다. 그리하여 우리는 무빙워크가 끝나는 지점에 거의 동시에 도착했다. 하지만 서로의 컨디션은 너무도 달랐다. 나는 완전히 지치고 짜증난 상태였지만 아내와 아이들은 얼마든지 더 갈 힘이 남아 있었다. 이것이 자기 힘으로 걷는 사람과 성령의 무빙워크를 타는 사람의 극명한 차이다. 스스로 성령의 역할을 하려고 해봐야 제 풀에 지칠 뿐이다.

예수님은 이런 상황이 벌어질 줄 아시고 우리를 돕고 우리와 함께하실 성령을 보내 주겠다고 약속하셨다(요 14:15-17을 보라). 성령은 우리를 가르치고 생명을 주시며 진리로 인도하시고 죄를 깨우쳐 주시며 예수님이 하신 말씀을 생각나게 하신다. 성령은 우리 스스로는 죽었다 깨어나도 만들어 낼 수 없는 강력한 선물들을 주신다. 그리고 그분은 언제나, 말 그대로 언제나 우리의 시선을 예수님께로 향하게 한다.

오늘의 결단

성경 앱이나 온라인 성경(혹은 구식 성경 색인사전)에서 '성령'이란 단어를 찾아
보라. 가장 먼저 나타나는 구절들을 간단히 훑어 보라. 그리고 나서 한두
단어를 사용하여 성령의 활동에 관해 묘사해 보라. 당신의 삶 속에서 성령
의 강한 임재를 경험한 적이 있는가? 어떤 경우였는가?

Day 12

영적
숨쉬기 훈련

만일 우리가 성령으로 살면 또한 성령으로 행할지니.
- 갈라디아서 5:25

CCC 창립자 빌 브라이트(Bill Bright)의 가르침은 내가 성령 충만한 제자로 성장하는 데 큰 도움이 되었다. 브라이트는 '영적 숨쉬기'라는 영적 훈련을 가르쳤다. 기본 원칙은 성령 안에서의 삶이 숨쉬기처럼 몸에 완전히 익을 때까지 연습하고 또 연습하는 것이다. 성령과의 동행이 삶의 일부로 자리를 잡아야 한다.

구체적인 방법을 설명해 보겠다. 자신의 죄를 깨닫는 순간, 그 죄를 '내쉬어야' 한다. 숨을 내쉬면서 죄라는 불순물을 내보내고 죄를 회개해야 한다. 그렇게 회개로 죄가 빠져나가면 마음속에 성령이 채워질 공간이 생긴다. 교만이나 시기, 정욕, 난폭, 이기심, 분노 같은 죄가 들어오면 즉시 회개하고 '내쉬어야' 한다.

그 다음에는 '들이쉬는' 것이다. 들이쉬는 것은 성령 충만을 위해 기도하고 그분께 삶의 통제권을 넘겨드리는 것이다. 그리고 나서 용서해 주신 데 대해 감사하고 성령의 깨끗함과 온전함을 받아들인다. 그러면 성령이 힘을 주시고 인도해 주신다.

이 영적 숨쉬기를 연습하면 성령으로 행하게 된다. 처음에는 몸에 맞지 않는 옷처럼 부자연스럽기만 하다. 그래서 처음 몇 번은 의식적으로 노력해야 한다. 마치 걸음마를 배우는 아기처럼 힘겹다. 집중력을 최고로 발휘해야 한다. 하지만 어느새 한걸음씩 내딛다가 마침내 자연스럽게 걸을 날이 온다. 영적 숨쉬기는 믿음의 활동이며, 하나님의 사랑과 용서를 계속해서 경험할 수 있게 해 준다.

오늘의 결단

영적 숨쉬기를 곧바로 시도해 보라. 먼저, 내쉬라(무엇을 고백해야 하는가? 어떤 면에서 여전히 자신의 힘으로 살려고 애쓰고 있는가?). 들이마시라(내주하시는 성령의 역사와 능력에 다시금 자신을 맡기라). 이 과정을 반복하라. 성령께 맡기라. 성령이 당신을 통해 숨을 쉬시도록 하라.

Day 13

거룩한
위로자

—

찬송하리로다. 그는 우리 주 예수 그리스도의 하나님이시요
자비의 아버지시요 모든 위로의 하나님이시며 우리의 모든
환난 중에서 우리를 위로하사 우리로 하여금 하나님께 받
는 위로로써 모든 환난 중에 있는 자들을 능히 위로하게 하
시는 이시로다. 그리스도의 고난이 우리에게 넘친 것 같이
우리가 받는 위로도 그리스도로 말미암아 넘치는도다.

-고린도후서 1:3-5

프랑스 북부의 한 박물관에 가면 중세 직물 벽걸이인 바
이외 태피스트리(Bayeux Tapestry)를 구경할 수 있다. 큰 방의 사
방 벽을 두를 정도로 긴 이 자수 작품은 수백 개의 장면과 제
목으로 이루어진 세상에서 가장 긴 연재 만화와도 같다. 11
세기 말에 제작된 이 유물은 노르만 정복(Norman Conquest)의
이야기를 전해 준다. 라틴어 설명문들은 17세기에 처음 영어

로 번역되었다.

한 장면은 정복자 윌리엄1세(William the Conqueror)가 자신의 군대에 피비린내 나는 전장으로 진격하라고 촉구하는 모습을 그리고 있다. 그런데 이상하게도 제목은 "병사들을 위로하는(comfort) 윌리엄"으로 번역되어 있다. 시퍼런 칼날을 휘두르며 병사들에게 치열한 전쟁터로 진격 명령을 내리는 마당에 위로라고 했는가? 번역이 잘못된 게 아닌가?

그렇지 않다. 이 번역은 영국에서 처음 성경이 나올 즈음에 이루어진 것이다. 그 성경은 성령에 대해 '위로자'란 표현을 사용했는데 당시의 '위로'는 지금과 의미가 달랐다.

그래서 내가 이 이야기를 왜 하는 것일까? 그것은 요즘 위로자 하면 우리는 부드러운 담요 정도를 떠올리기 때문이다. 우리는 편안한 자리에 앉아 편안한 음식을 먹으며 편하게 쉬기를 원한다. 우리는 편안한 집과 편안한 옷 같은 편안한 의식주를 누리기를 원한다.

하지만 그 단어의 진짜 의미는 '강한 힘으로'다. 그 단어는 모험적인 행동을 취하도록 강하게 격려한다는 의미를 담고 있다. 그러므로 성령에 관해 생각할 때 따뜻한 안방에 관한 이미지는 잊어버려라.

물론 성령은 우리가 슬플 때 곁에 오셔서 위로하신다. 성령은 상황에 좌지우지되지 않는 절대적인 평강을 주신다. 하지만 위로자는 특히 눈앞에서 치열한 전쟁이 벌어지고 있을 때는 우리를 깨워 안전하고도 편안한 울타리 밖으로 밀어내신다.

오늘의 결단

성령을 경험해 봤는가? 도전하도록 성령이 격려하고 힘을 주신 적이 있는가? 그분의 위로하심이 어떻게 당신을 안정시키는 동시에 강하게 했는가? '안락'을 추구하는 것과 '위로자'를 따르는 것이 어떻게 다른지 비교해 보라.

Day 14

예수님과 함께
걸으라

———

내가 이르노니 너희는 성령을 따라 행하라.
- 갈라디아서 5:16

우리가 아기로서 첫걸음을 떼었을 때는 모두가 박수를 치며 좋아했을 것이다. 하지만 걸음마가 인간에게 대단한 일은 아니다. 물론 예외가 있지만 말이다. 우리는 계속해서 뛰고 점프하고 춤을 춰야 한다. 아홉 살짜리 꼬마가 걸어서 엄마의 품에 안긴다고 해서 박수를 치는 사람은 없다. 42세의 아줌마가 탁자 끝을 짚으며 거실을 한 바퀴 돈다고 해서 환호성을 지르는 사람은 없다. 걷는 것은 성장의 자연스러운 일부다.

지난 세월 동안 때로 우리의 발은 우리를 가지 말아야 할 곳으로 이끌었다. 때로는 좋은 목표를 향해 걷기도 했다. 때로는 어디로 가는지 보이지 않는 칠흑 같은 어둠 속에서 걷기도 했다. 그런가 하면 아름다운 햇살 아래서 즐거운 마음으로 걷기도 했다.

영적 걸음도 비슷하다. 우리는 구원을 받으면서 첫걸음을 떼었다. 하지만 그것은 여행의 시작일 뿐이었다. 때로는 어둠 속에서 넘어지고 길을 잃기도 했다. 때로는 길에서 벗어나 헤매기도 했다. 하지만 대부분은 예수님의 발자국을 바짝 따라갔다. 우리는 "발을 금하여 모든 악한 길로 가지 아니하였사오며"(시 119:101).

우리는 "주의 계명들의 길로 달려"갔다(시 119:32). 우리는 "행위가 온전하여 여호와의 율법을 따라 행하는 자들은 복이 있음이여"라는 아름다운 진리를 발견했다(시 119:1).

이것이 제자의 삶이다. 이것이 예수님을 따르는 것이다. 그리고 예수님과 함께 걸을수록 점점 더 그분처럼 걷게 된다.

오늘의 결단

삶 속에서 성숙한 열매가 보이는가? 그것이 당신이 걸음마에서 어른의 걸음으로 성장하고 있는지 판단하기 위한 가장 좋은 척도다. 혹시 다음 구절을 외우지 않았다면 지금 시간을 내서 외우기를 바란다. "오직 성령의 열매는 사랑과 희락과 화평과 오래 참음과 자비와 양선과 충성과 온유와 절제니 … 만일 우리가 성령으로 살면 또한 성령으로 행할지니"(갈 5:22-23, 25).

이 '열매'를 메모지에 적어 항상 볼 수 있는 곳에 붙이라.

Day 15

'함께'의
묘미

그러므로 피차 권면하고 서로 덕을 세우기를
너희가 하는 것 같이 하라.
- 데살로니가전서 5:11

　최근에 내 친구 중 한 명이 8킬로미터 진흙 달리기 대회
에 출전했다. 참, 이것은 '친구 이야기'를 가장한 내 이야기가
절대 아니다. 위의 첫 문장에서 세 단어 '8킬로미터, 진흙, 달
리기'만 봐도 내가 관심을 가질 만한 행사가 절대 아니다.

　친구의 이야기를 들어보니 보통 힘든 경기가 아니다. 진
흙 달리기이니 일단 진흙탕을 몇 킬로미터나 달려야 한다. 그

러고 나서 벽을 기어오르고 줄을 타고 집채만한 돌을 끌고 샌
드백을 들어 올리고 가시 철조망 아래를 기어가고 무시무시
한 구덩이를 점프해 결승선에 도착해야 한다. 겨우 메달 하나
와 공짜 바나나를 얻기 위해 그 고생을 했다고 한다.

그 친구가 그런 대회에 참여했다는 말을 듣고 나는 조금
도 놀라지 않았다. 그 친구를 너무도 잘 알기 때문이다. 그는
그러고도 남을 사람이다. 못 말리게 활동적이고 근육덩어리
다. 운동신경도 남다르고 무엇보다도 경쟁심이 지독하다.

하지만 그가 아내와 나란히 경기를 마쳤다는 말을 들었을
때는 적잖이 놀랐다. 그의 부인도 잘 알기 때문이다. 그는 경
쟁적이지만 그의 부인은 다소곳하다. 그는 모험을 즐기지만
그의 부인은 조용한 곳에서 푹 쉬기를 좋아한다. 그는 일주일
에 네다섯 번을 헬스클럽에 가서 훈련을 하지만 그의 부인은
경기에 참석할 옷만 사러 다녔다. 남편이 강권하지 않았다면
부인은 대회에 등록하지 않았을 것이다. 부인은 남편의 강한
지원이 없었다면 경주를 무사히 마치지 못했을 것이라고 말
한다. 이 부부는 다른 두 부부와 함께 힘든 경주를 마치고 '함
께' 결승선을 넘었다.

문득 이것이 경주의 묘미가 아닐까 하는 생각을 했다. '함
께' 달려가는 것. '함께' 힘을 내는 것. '함께' 축하하는 것. 그

런데 우리의 신앙 여행도 마찬가지 아닌가? 전도서 기자는 둘의 힘을 잘 알고 있었다. "두 사람이 한 사람보다 나음은 그들이 수고함으로 좋은 상을 얻을 것임이라. 혹시 그들이 넘어지면 하나가 그 동무를 붙들어 일으키려니와 홀로 있어 넘어지고 붙들어 일으킬 자가 없는 자에게는 화가 있으리라"(전 4:9-10).

우리는 인생의 경주를 함께하도록 창조되었다.

- 서로를 격려하기 위해(살전 5:11).
- 서로를 위해 기도하기 위해(약 5:16).
- 서로에게 도전이 되고 서로를 날카롭게 하기 위해(잠 27:17).
- 서로의 짐을 나누고 서로의 필요를 채워 주기 위해(갈 6:2).
- 함께 고난을 겪고 함께 기뻐하기 위해(고전 12:26).

경주는 생각보다 길고 장애물은 반드시 나타난다. 그러므로 "인내로써 우리 앞에 당한 경주를 하며 믿음의 주요 또 온전하게 하시는 이인 예수를 바라보자"(히 12:1-2). 함께할 때 예수님을 더 잘 추구할 수 있다.

오늘의 결단

인생길을 누구와 함께 달리고 있는가? 그들이 당신을 어떻게 격려하거나 세워 주는가? 당신은 누구에게 자신을 쏟아내고 있는가? 인생길에서 누구를 격려하고 있는가? 떠오르는 이름을 쓰고 믿음의 공동체를 주신 하나님께 감사하라. 그 목록에 있는 누군가에게 감사나 격려의 편지를 써 보면 어떨까? 이름이 생각나지 않거든 서로 밀고 끌어 주는 관계들을 달라고 기도하라.

Day 16

복수심의 감옥에서
벗어나라

—

누가 누구에게 불만이 있거든 서로 용납하여 피차 용서하
되 주께서 너희를 용서하신 것 같이 너희도 그리하고.
- 골로새서 3:13

코리 텐 붐(Corrie ten Boom)이란 이름을 들어봤는지 모르겠
다. 청소년 시절 나는 그녀의 유명한 자서전인 《주는 나의 피
난처》(*The Hiding Place*)를 읽었다. 그녀의 가족은 나치의 네덜란
드 침공 당시 자신의 집에 많은 유대인을 숨겨 주었다. 하지
만 결국 발각이 되어 라벤스브뤼크 강제 수용소로 끌려갔다.
거기서 그녀는 허리가 끊어질 듯 힘든 노동을 해야 했다. 오

랜 세월이 흘러 전쟁이 끝나고 나서 그녀는 한 공개 모임에서 강제 수용소 간수 한 명을 만났다. 워낙 그리스도의 사랑이 깊이 뿌리를 내린 그녀인지라 그를 용서하기는 했지만 마음 깊은 곳에는 여전히 고통의 반향이 남아 있었다. 그녀는 용서를 종탑의 줄을 당기는 것에 비유했다. 줄을 당기고 나도 종은 한동안 계속해서 울린다. 억울한 감정의 파동이 그와 같았다. 시간이 지나면 하나님이 날것 그대로의 상처를 치유해 주시기는 하지만 흔적까지 완전히 지워지려면 꽤 오랜 시간이 걸린다.

아마도 하나님의 용서에 관한 설교를 많이 들었을 것이다. 우리의 죄를 용서하기 위해 독생자를 십자가 위에서 죽게 놔두신 하나님의 지독한 사랑을 들었다. 우리는 이 용서를 받아들이고, 그 사실에 깊이 감사한다.

하지만 남들에게 같은 용서의 손길을 내미는 것은 그리 쉽지 않다. 중앙선을 넘어 당신의 자녀가 타고 있는 버스를 정면으로 들이받은 만취 운전자를 과연 용서할 수 있을까?

당신을 배신하고 끝내 버린 아내를 과연 용서할 수 있을까? 당신의 차를 몰래 끌고 나갔다가 대형 사고를 친 십대 아들을 과연 용서할 수 있을까? 재산 분쟁으로 끝내 당신을 법정으로 끌고 간 이웃을 용서할 수 있을까? 하나같이 도저히 용서할 수 없는 일처럼 보인다. 분해서 견딜 수가 없다.

하지만 바로 이것이 용서해야 하는 이유다. 계속해서 짐을 진 채로 살 텐가? 계속해서 복수심의 감옥에 갇혀 있을 텐가? 용서하지 않는 것은 많은 사람을 '괴롭게' 하고 '더럽게' 하는 '쓴 뿌리'다(히 12:15). 나는 이 뿌리를 적잖이 봤는데 정말 보기 흉하다. 고집스레 용서하지 않음으로 인한 수십 년의 고통과 분열, 뿔뿔이 흩어진 가족, 몇 년째 한마디도 하지 않는 부모와 자식을 본 적이 있다.

하지만 나는 용서와 함께 찾아오는 아름다움과 자유도 그에 못지않게 많이 봤다. 회복되고 심지어 전보다 더 끈끈해진 부부, 사랑 많은 부모의 끈덕진 기다림과 용서에 결국은 울음을 터뜨린 십대 아들…. 물론 상처의 여파는 아직 가시지 않았다. 당분간은 종소리가 들릴 것이다. 하지만 용서로 자유를 얻을 수만 있다면 그 정도의 쓰라림은 아무것도 아니다. 자, 어서 줄을 당기라.

오늘의 결단

오늘의 글을 읽을 때 용서하기 힘든 어떤 일이 떠오르는가? 지금도 여전히 원한으로 부글부글 끓고 있는가? 마태복음 18장 21-35절에서 용서하지 않는 종에 관한 예수님의 비유를 읽어 보라. 치유 과정을 시작하기 위해 밟아야 할 다음 단계가 무엇일지 고민하고 기도하라. 용서의 편지를 쓰고 전화를 걸고 건너편 집이나 옆방으로 직접 찾아가라. 가서 당신이 용서를 받은 대로 그를 용서하라.

Day 17

행함이
없다면

내 형제들아 만일 사람이 믿음이 있노라 하고
행함이 없으면 무슨 유익이 있으리요?
- 야고보서 2:14

    헬스클럽에 자주 가는 사람이라면 '헬스클럽 죽돌이'를 본 적이 있을 것이다. 헬스클럽 죽돌이는 거기서 살다시피 하는 사람이다. 내가 다니는 헬스클럽에도 역기 주변을 어슬렁거리며 거울에 비친 자신의 모습을 응시하는 죽돌이를 여러 명 볼 수 있다. 언젠가 그들에게서 공통점 하나를 발견했다. 상체는 거대한 데 반해 하체는 앙상하다는 것이다. 가슴과 이

두근, 삼두근은 열심히 가꾸지만 종아리와 넓적다리는 등한시한 탓이다. 그 결과, 균형이 완전히 어긋나 있다. '말라깽이 슈워제네거 효과'라고나 할까(물론 슈워제네거 얼굴은 전혀 닮지 않았다). 상체는 슈워제네거인데 하체는 말라깽이다.

많은 교회의 전도 방식이 이런 불균형에 빠져 있다. 사람들을 예수님께로 인도하기 위해 막대한 시간과 노력을 투자하면서 예수님을 따르라는 말은 하지 않고 어물쩍 넘어간다. 믿음은 큰 소리로 강조하고 예수님을 위해서 살고 제자가 되어야 한다는 점에 대해서는 속삭이듯 얼버무린다.

그 결과, 예수님을 믿기로 결심하는 사람은 마구 쏟아져 나오지만 예수님을 따르기로 결단하는 사람은 가뭄에 콩 나듯 찾아보기 힘들다. 많은 사람이 매일 예수님을 따르는 법에 관해서는 잘 모른다. '선교하는 삶'이니 '예수님을 닮은 삶'같은 이야기를 꺼내면 그들은 대번에 혼란스러운 표정을 짓는다. 크리스천의 삶은 단순히 예수님을 믿는다고 말로 표현하는 데서 끝이 아니다. 누군가가 이런 이야기를 해 주기 전까지는 그들 스스로 이런 사실을 알기 힘들다.

예수님의 형제 야고보는 자신의 책에서 이런 균형을 논했다. "무슨 유익이 있으리요?" 야고보의 질문에 대한 답은 뻔하다. "별로 유익하지 않다!" 혹시 동의하지 않을 사람들이 있을까 봐 그는 다시 한 번 분명히 강조한다. "행함이 없는 믿음은 그 자체가 죽은 것이라"(약 2:17).

예수님에 대한 믿음은 운동의 의미를 함축하고 있다. 물론 성경적인 믿음은 무언가를 진리로 받아들이는 것이다. 하지만 거기서 끝이 아니다. 지적인 동의와 진심에서 우러나온 인정 이후에는 반드시 따르겠다는 결심이 이어져야 한다. 그래야 남은 삶의 방식이 달라진다.

오늘의 결단

예수님에 대한 믿음이 그분을 추구하는 모습으로 잘 나타나고 있는가? 다시 말해, 믿음대로 '행동'하고 있는가? 예수님을 따르면서 한 곳에 머무는 것은 있을 수 없는 일이다. 우리의 믿음은 행동으로 증명된다. 야고보서 2장 14-26절을 읽으라. 오늘 기도하는 가운데 믿음을 행동으로 옮길 기회들을 열심히 찾으라.

Day 18

진짜 같은
거짓

———

먼저 된 자로서 나중 되고
나중 된 자로서 먼저 될 자가 많으니라.
- 마태복음 19:30

우리가 진짜로 믿고 있는 거짓이 의외로 많다. 거짓인 줄 알았다면 그에 따라 살지 않을 것이다. 실제로 우리가 진실로 믿고 있는 거짓이 많으며, 또한 그 거짓은 거짓임에도 우리의 믿음으로 인해 진실 못지않게 우리에게 큰 영향을 미친다.

예를 들어, 우리는 아이들에게 당근이 눈에 좋으니까 많이 먹으라고 가르친다. 하지만 사실 당근은 시력과 아무런 상관이 없다. 이 거짓말은 제2차 세계대전 당시의 선전에서 비롯했다. 이렇게까지 말했는데도 내 말을 믿지 못할 사람이 많을 줄 안다. 하지만 엄연한 사실이다. 지금 이 순간에도 수많은 어른과 아이들이 시력을 개선해 보겠다며 열심히 당근을 씹고 있다. 당근이 눈에 좋다는 것은 사실이 아니지만 우리는 그 거짓을 믿기에 그에 따라 살고 있다.

또 다른 예를 들어보자. 어릴 적에 우리는 밥을 먹자마자 수영장에 들어가지 말라고 배웠다. 나 역시 실컷 수영을 하다가 나와 간식을 먹고 다시 물속에 들어가려는데 엄마에게서 적어도 20분은 쉬었다가 들어가라는 말을 들었던 기억이 난다. 엄마는 음식을 먹자마자 물속에 들어가면 다리에 쥐가 날 수 있기 때문에 위험하다고 설명했다. 하지만 그것은 잘못된 정보다.

때로 우리는 널리 받아들여지는 것을 믿는다. 다수가 옳다고 하면 옳을 가능성이 높기 때문이다. 혹은 오랫동안 믿어온 것에 대해서는 좀처럼 의심하지 않는다. 이를테면 어릴 적에 처음 들은 말이 그렇다. 그것을 믿어온 세월이 길어질수록 더욱 사실처럼 보인다.

성경을 보면 예수님은 널리 받아들여진 믿음을 완전히 뒤엎곤 하셨다. 예를 들어, 진정한 삶을 찾고 싶은가? 그렇다면 미련 없이 당신의 삶을 내던지라(눅 9:23-25). 온전한 자유를 경험하고 싶은가? 그렇다면 복종의 삶을 살라(롬 6:19). 위대해지고 싶은가? 위대함의 열쇠는 겸손히 남들을 섬기는 데 있다(마 20:26-28). 진정한 부를 원하는가? 그 부는 이생에서 축적할 수 없다(마 6:19-20). 우리는 고난 중에 기뻐할 수 있고(벧전 4:13) 아무것도 없으나 모든 것을 가질 수 있다(고후 6:10).

예수님의 길은 반직관적으로 보일 수 있다. 앞뒤가 바뀐 것처럼 느껴질 수 있다. 하지만 진리이신 분은 무조건 믿어도 좋다.

오늘의 결단

다음 구절들을 읽어 보라. 누가복음 6장 27-28절, 사도행전 20장 35절, 로마서 12장 17, 19절, 갈라디아서 2장 20절, 빌립보서 3장 7-8절, 야고보서 1장 2-4절. 이 구절들에서 발견되는 예수님의 역설적인 가르침들을 적어 보라. 오늘 실천하고 싶은 한두 가지 가르침에 밑줄을 그으라. 시간이 남는다면 위의 본문에 소개된 구절들을 읽어 보라.

Day 19

현재의
고난

—

생각하건대 현재의 고난은
장차 우리에게 나타날 영광과 비교할 수 없도다.
- 로마서 8:18

만성질환, 찢어지는 가난, 사무치는 외로움, 밤새 머릿속을 맴도는 걱정…. 무엇이든 이런 현재의 고난이 남은 평생 지속된다면 어떻게 다뤄야 할까? 모든 불편과 불공평, 골칫거리와 계속해서 싸워야 할까? 그 싸움이 언젠가 끝나기는 할까?

인생이 평생 쉽지 않을 것이라는 사실을 누구나 내심 알고 있다. 하지만 천국의 존재로 인해 모든 것이 달라진다. 예수님은 이렇게 말씀하셨다. "세상에서는 너희가 환난을 당하나 담대하라. 내가 세상을 이기었노라"(요 16:33).

상상하기 쉽지 않지만 천국에 가면 현재의 고통은 더 이상 중요하지 않다. 하나님의 품 안에서 수백만 년을 보내고 나면 슬픔과 고통의 72년이 어떻게 느껴질까? 하나님의 품에 안기면 더 이상 애통은 없다. 육체적으로 영적으로 관계적으로 어떤 종류의 고통도 없다. 질병도 없다. 심지어 눈물 한 방울조차도 구경할 수 없다. 아빌라의 테레사(Teresa of Avila)는 이런 말을 했다. "천국의 관점에서 보면 이 땅에서의 아무리 큰 고통도 불편한 호텔에서의 하룻밤에 불과하다."

최종 목표에 시선을 고정하면 예수님을 추구하는 것이 훨씬 쉬워진다. 사도 바울은 생전에 수많은 고난을 겪는 가운데서도 중심을 잃지 않았다. "오직 한 일 즉 뒤에 있는 것은 잊어버리고 앞에 있는 것을 잡으려고 푯대를 향하여 그리스도 예수 안에서 하나님이 위에서 부르신 부름의 상을 위하여 달려가노라"(빌 3:13-14).

당장 힘들어서 죽을 것만 같은 당신에게 섣부른 '종교적' 답을 들이대려는 뜻은 추호도 없다. 다른 사람의 지독한 고통에 비하면 당신은 편한 편이라고 말할 생각도 없다. 단지 하나님에게서 진정한 소망과 인내, 힘을 얻기 위한 가장 빠른 방법은 그분의 영광을 똑바로 쳐다보는 것이라는 말을 하고 싶을 뿐이다.

오늘의 결단

자, 당신이 현재 겪고 있는 고난(들)을 말해 보라. 축소하지도 말고 남들의 고난과 비교하지도 마라. 이제 요한계시록 21장 1-5절을 읽으라. 하나님을 믿는 자들에게 주시는 그분의 '신실하고 참된' 약속을 받아들이라. 천국의 관점에서 현재의 고난을 바라보라. 그러면 고통이 줄어들고 그 고통 속에서 오히려 더 단단하게 정련될 수 있을 것이다.

Day 20

죽음에 이르는 죄,
영적 게으름

—

내가 네 행위를 아노니 네가 차지도 아니하고 뜨겁지도
아니하도다. 네가 차든지 뜨겁든지 하기를 원하노라. 네가
이같이 미지근하여 뜨겁지도 아니하고 차지도 아니하니
내 입에서 너를 토하여 버리리라.

- 요한계시록 3:15-16

몇 년 전 '일곱 가지 죽음에 이르는 죄'(교만, 시기, 분노, 나태,
탐욕, 탐식, 정욕)에 관해 나름대로 조사를 해 봤다. 이 죄의 목록
은 성경 어디에도 나와 있지 않다. 그래서 도대체 어떻게
이런 목록이 생겼는지 심히 궁금했다. 알고 보니 오래 전 까
막눈이 많아 사람들이 스스로 성경을 읽을 줄 몰랐을 때 몇몇
초기 기독교 리더들이 모여 최악의 죄들에 관한 목록을 작성

했다. 사람들이 최소한 무엇을 하지 '말아야' 할지는 알아야 할 게 아닌가.

그런데 이 목록의 죄 가운데 하나는 아무리 생각해도 이상했다. 나태 즉 '게으름'이 왜 죽음에 이르는 죄일까? 내가 볼 때 그렇게 심한 죄까지는 아닌 것 같았다. 리모컨을 잃어버려 텔레비전 앞까지 걸어가기 싫어 채널을 바꾸지 않는 것이 그토록 큰 죄란 말인가. 하지만 좀 더 깊이 조사해 보니 초기 기독교 리더들이 경계했던 죄는 '영적 무관심'으로 번역하는 것이 더 적절하다. 하나님이 나를 사랑하시고 예수님이 내 죄를 위해 십자가에서 돌아가셨다는 사실을 알기는 하지만 별로 감흥이 없어 그저 어깨를 한번 으쓱하고 마는 것을 말한다.

예수님을 추구하면 좋다고 생각하지만 딱히 그렇게 할 마음이 없다면? 예전에는 그리스도를 향한 열정으로 불타올랐지만 지금은 별로 관심이 없다면? 복된 소식이 낡은 소식이 되어버렸고, 기적이라 생각했던 것이 이제 별 볼일 없게 생각된다면? 어떻게 해야 불씨를 다시 키울 수 있을까?

부부의 사랑이 식기 시작할 때 최선의 해법은 예전의 방식대로 서로를 추구하는 것이다. 남편은 꽃다발을 사오고, 아내는 사랑의 편지를 쓴다. 아내는 남편을 위해 아름답게 꾸며 입고, 남편은 아내를 근사한 레스토랑으로 데려간다. 강렬하고도 희생적인 사랑과 헌신의 행위로 서로를 추구하면 애틋한 감정과 열정이 되돌아오기 시작한다.

그리스도와의 관계를 회복하는 방법도 비슷하다. 먼저, 자신의 영적 무관심을 고백하라. 그리고 나서 처음에 했던 것처럼 하라. 예수님은 요한에게 주신 계시를 통해 우리에게 사랑의 경고를 주신다. 첫사랑을 잃어버렸다면(계 2:4-5를 보라), 예수님을 좇는 것이 따분하고 지루해졌다면, 열정의 불씨를 되살려야 할 때다.

오늘의 결단

영적 권태에 빠졌는가? 첫사랑을 회복하기 위해 노력하기로 결심하라. 침대 옆에 무릎을 꿇고 하나님께 당신의 하루를 아뢰라. 차 안에서 찬송가를 틀고 따라 부르라. 1년에 성경 일독을 목표로 성경을 읽기 시작하라. 열정적인 교인들을 가까이하라. 섬길 기회를 찾으라. "회개하여 처음 행위를 가지라"(계 2:5).

Day 21

약함 속에 나타난
하나님의 능력

그러므로 내가 그리스도를 위하여 약한 것들과 능욕과 궁
핍과 박해와 곤고를 기뻐하노니
이는 내가 약한 그때에 강함이라.
- 고린도후서 12:10

위와 같이 말한 사도 바울은 다 알다시피 다메섹 도상에
서 극적인 사건을 통해 회심했다. 말 그대로 한순간에 눈이
먼 상태에서 그는 크리스천들을 잡아 죽이던 자에서 복음 전
도자로 완전히 변신했고, 그때부터 남은 평생을 그리스도를
위해 극심한 고난을 감내했다. 그는 교만과 미움으로 얼룩졌
던 과거를 뒤로 한 채 복음을 위해 자신의 전부를 쏟아냈다.

그는 고난 중에서도 오히려 기뻐하는 법을 배웠다. 그것은 고난이 오히려 하나님의 능력을 철저히 의지하게 만들어 주었기 때문이다.

찰스 콜슨(Chuck Colson)은 그야말로 21세기의 바울이라고 할 만하다. 그가 교도소 선교회(Prison Fellowship)를 세우기 전까지만 해도 그는 절대 회심하지 않을 사람처럼 보였다. 리처드 닉슨(Richard Nixon) 대통령의 특별 보좌관 시절 그는 닉슨의 궂은 일을 도맡아 처리하는 무자비한 '살인 청부업자'로 불렸다. 하지만 결국 그는 워터게이트 스캔들에 연루되어 체포되었고, 감옥에서 예수님을 영접했다. 그는 한 대학교 졸업식에서 다음과 같은 연설을 전했다.

감옥에서 살아 계신 하나님의 능력으로 변화된 남녀의 얼굴을 볼 때마다 깨닫는 위대한 역설은 하나님이 제게서 사용하신 것이 저의 성공이나 성취, 학위, 상, 명예, 혹은 제가 대법원에서 거둔 승리가 아니라는 것입니다. 하나님은 제 삶 속에서 그런 것을 사용하고 계시지 않습니다. 하나님이 말 그대로 수천 명의 삶을 변화시키기 위해 사용하고 계신 것은 제가 유죄 판결을 받고 감옥에 들어갔다는 사실입니다. 이것은 저의 가장 큰 실패요 제가 성공하지 못한 유일한 것입니다.

찰스 콜슨은 "내 (하나님의) 능력이 약한 데서 온전하여짐이라"(고후 12:9)는 바울의 말을 제대로 이해한 사람이었다. 모든 것을 잃어도 상관없었다. 아니, "그리스도 예수를 아는 지식"(빌 3:8)을 경험하기 위해서는 모든 것을 잃어야 했다. 덕분에 그는 바울이 경험한 '기쁨'을 경험했다. 그것은 바로 사람들의 약함 속에서 나타나는 하나님의 능력을 맨 앞자리에서 구경하는 기쁨이었다. 하나님이 당신을 통해 어떤 능력을 펼치실지 기대하라.

오늘의 결단

당신과 나에게 극적인 간증거리는 없을지 몰라도 우리는 분명 약한 존재다. 당신의 '가장 큰 실패' 혹은 최근에 겪고 있는 곤경은 무엇인가? 현재 어떤 모욕이나 어려움을 겪고 있는가? 글로 써 보라. 그리고 그것에 X표시를 하라. 그러고 나서 당신의 약점을 통해 하나님의 강하심이 어떻게 나타날지 상상해 보라.

Day 22

이제 세상으로
나아가라

———

귀신 나간 사람이 함께 있기를 구하였으나
예수께서 그를 보내시며 이르시되 집으로 돌아가
하나님이 네게 어떻게 큰일을 행하셨는지를 말하라 하시니
그가 가서 예수께서 자기에게 어떻게
큰일을 행하셨는지를 온 성내에 전파하니라.
- 누가복음 8:38-39

때로 예수님은 그분을 따르지 '말라고' 말씀하신다. 무슨
뜻인지 설명해 보겠다.

누가복음 8장에서 우리는 한 미친 남자를 만나게 된다.
누가복음은 그가 오랫동안 집도 없이 묘지 사이에서 살며 벌
거벗은 채로 돌아다녔다고 기록한다. 놀란 마을 주민들은 그
를 사슬에 묶으려고 했지만 귀신의 힘 앞에서 사슬 따위는 아

무런 소용이 없었다. 그나마 다행인 것은 귀신들이 그를 외딴 곳으로 끌고 갔다는 것이다.

그런데 갑자기 예수님이 이 미치광이의 은신처로 침입하셨다. 예수님과 미치광이의 만남은 지극히 짧았다. 당연한 말이지만 제 아무리 귀신의 대군이라 해도 예수님께는 상대가 되지 않았다. 이 대결은 처음부터 결과가 정해진 대결이었다. 예수님은 단번에 귀신들을 쫓아냈고 남자는 제정신이 돌아와 옷을 입고 평온한 표정으로 앉아 있었다.

당연히 남자는 기쁘고 감사해서 어쩔 줄 몰라 했다. 예수님을 평생 따라다니며 하다못해 잡일이라도 하고 싶었다. 그래서 예수님께 따르기를 허락해 달라고 간청했지만 예수님은 고개를 가로저으며 한 가지 임무를 주어 그를 돌려보내셨다. "집으로 돌아가 하나님이 네게 어떻게 큰일을 행하셨는지를 말하라"(눅 8:39).

바로 다음 문장을 보면 그가 즉각 순종했음을 알 수 있다. "그가 가서 예수께서 자기에게 어떻게 큰일을 행하셨는지를 온 성내에 전파하니라."

때로 예수님은 따르지 '말라'고 말씀하신다. 예수님의 제자라면 무슨 말씀이든 순종해야 하기 때문에 그분이 집으로 가라고 하시면 그 역시도 그대로 따라야만 한다. 그분이 안전

지대에서 나와 남들에게 그분에 관해 전하라고 하시는데 자신이 구원받은 성전 안에 계속해서 가만히 앉아 있는 것은 옳지 않다. 아직 전도 기술을 좀 더 다듬어야 할 것 같은가? 사람들이 말을 들어줄까 걱정스러운가? 과연 당신이 갈 자격이 있는지 의심스러운가? 이웃들이 당신 말고 다른 사람에게 복음을 듣는 것이 더 좋을 것 같은가?

하지만 혹시 지금 예수님이 당신에게 목사나 교회 식구들과는 이제 그만 어울리고 밖으로 나가 불신자들과 어울리라고 말씀하고 계시지는 않을까? 잘 생각해 보라. 예수님은 실제로 그렇게 말씀하셨다. "건강한 자에게는 의사가 쓸 데 없고 병든 자에게라야 쓸 데 있느니라"(마 9:12).

오늘의 결단

곰곰이 생각해 보라. 혹시 예수님이 당신에게 이제 그만 이론에서 실천으로 나아가라고 촉구하고 계시지는 않은가? 무엇 때문에 "집으로 돌아가 하나님이 네게 어떻게 큰일을 행하셨는지를" 전하지 않고 있는가? 주님의 명령에 순종하라. 주변에 사는 사람들에게 찾아가 예수님이 당신을 어떻게 변화시켜주셨는지 전하기 시작하라.

Day 23

'가지' 않으면
제자가 아니다

―

예수께서 나아와 말씀하여 이르시되 하늘과 땅의 모든
권세를 내게 주셨으니 그러므로 너희는 가서 모든 민족을
제자로 삼아 아버지와 아들과 성령의 이름으로
세례를 베풀고 내가 너희에게 분부한 모든 것을 가르쳐
지키게 하라. 볼지어다. 내가 세상 끝날까지 너희와
항상 함께 있으리라 하시니라.

- 마태복음 28:18-20

1956년의 어느 나른한 주일 오후, 한 젊은 가족(아버지와 어머니, 여덟 살짜리 아들)이 일리노이 주 세인트 조세프의 집에서 한가로운 주일 오후를 즐기고 있었다.

그런데 갑자기 두 남자가 문을 두드렸다. 한 남자는 오빌 허버드(Orville Hubbard)였다. 허버드는 유전(油田)에서 일했다. 배운 것도 없는 지극히 평범한 사람이었다. 다른 남자는 딕

울프(Dick Wolf)였다. 울프는 아내가 병원에서 출산할 때 역시 출산 중인 허버드 부부를 처음 만났다. 허버드와 울프는 중요하게 할 말이 있으니 잠시만 시간을 내달라고 부탁했다. 부부는 딱히 할 일도 없었기 때문에 기꺼이 두 사람을 안으로 들였다.

남편이 아내를 불러 함께 소파에 앉자 허버드와 울프가 복음을 전하기 시작했다. 두 사람이 예수 그리스도와의 관계를 설명하는 내내 부부는 조용히 앉아서 귀를 기울였다. 여덟 살이던 아들이 바닥에서 장난감 트럭을 갖고 놀고 있었다. 그런데 다들 그 아이가 장난감을 갖고 놀기만 하는 줄 알았지만 사실 그 아이는 어른들의 말 한마디 한마디를 가슴에 새기고 있었다. 그날 이 가족의 운명은 180도로 바뀌었다. 돌아오는 주일, 부부는 아들과 함께 예수님을 영접하고 세례를 받았다. 두 평범한 남자는 "가서 제자를 삼으라"는 예수님의 명령에 따르기로 결심했고, 예수님은 그들을 이 가족의 집으로 이끄셨다.

예수님의 '지상명령'은 단순히 전략적 제안이 아니라 지엄한 명령이다. 하나님은 온 인류에 구원의 길을 열어 주기 위해 예수님을 보내셨다. 이제 예수님은 그 복된 소식을 전하기 위해 우리를 보내신다. 가라! 물론 가만히 앉아 있는 것이 더 편하다. 하지만 가라! 남들에게 오라고 하는 것이 더 쉽다. 하지만 가라! 가지 않으면 두렵지 않고 대가를 치르지 않아도 되고 면박을 당할 위험도 없다. 하지만 예수님은 우리에게 가라고 명령하신다.

물론 예수님은 우리를 혼자 보내시지 않는다. 그분이 한 걸음마다 곁에서 동행하신다. 그리고 모든 짐을 우리의 어깨로 떠넘기시지 않는다. 우리는 그저 씨앗을 뿌리고 물을 주기만 하면 된다. 그러면 하나님이 알아서 자라게 해 주신다. 우리의 임무는 어디까지나 가는 것이다. 가서 말하라. 제자를 삼으라. 남들도 예수님께 순종하도록 가르치라.

그날 허버드와 울프에게는 다른 할 일도 많았을 게 분명하다. 그리고 그날 문을 두드릴 때 얼마나 긴장이 되었을까? 식은땀이 흘렀을지도 모를 일이다. 하지만 결국 두 사람은 그분의 사명에 동참하라는 예수님의 명령에 순종했다. 참, 그날 두 사람의 노크에 문을 열어 준 부부를 나는 할아버지 할머니라 부른다. 그날 바닥에서 장난감 트럭을 갖고 놀던 꼬마는 우리 아버지다. 허버드와 울프가 기꺼이 '가지' 않았다면 지금 나는 예수님의 제자가 아닐지도 모른다.

오늘의 결단

잠시 시간을 내서 당신 가문의 영적 가계도를 살펴보라. 조사를 하고 전화를 걸어라. 꽤 시간이 걸릴 수도 있지만 그만한 보람이 있을 것이다. 주님의 명령에 순종한 부모나 직장 동료, 친구들에 대해 하나님께 감사하라. 이제는 당신의 차례다. 지금 예수님이 당신에게 누구에게 가서 말하라고 명령하고 계시는가? 그야말로 영원이 걸린 일이다. 오늘 순종하기로 결단하라.

Day 24

지금, 바로 지금을
원하신다

오늘 너희가 그의 음성을 듣거든 격노하시게 하던 것 같이
너희 마음을 완고하게 하지 말라.
- 히브리서 3:15, 시편 95:7-8 참조

일전에 비행기에서 앞 의자 등받이 주머니에 있는 쇼핑 카탈로그를 꺼내 읽었다. 알다시피 잡지와 구토 봉지 사이에 이런 카탈로그가 끼어 있다. 카탈로그에는 듣도 보도 못한 제품들의 사진과 설명이 가득 차 있는데, 보다 보면 당장 사지 않으면 안 될 것 같은 마음이 들기 시작한다.

그 비행기 안에서 바로 그런 제품을 발견했다. 그런 제품

이 있는 줄 왜 미처 몰랐을까 안타깝기 그지없었다. 그 제품은 부드러운 소리가 점점 커지는 알람 시계였다. 침대를 향해 은은한 불빛을 발하며 잔잔한 음악으로 나를 부드럽게 깨워 줄 천상의 알람 시계(흥미가 생기지 않는가? 거짓말!).

그러다 문득 이런 생각이 들었다. 알람 시계의 목적은 이런 게 아니지 않은가? 알람 시계는 나를 진정시키는 것이 아니라 놀라게 하는 것이지 않은가? 내 관심을 끌어 반응하게 만들어야 하는 것 아닌가?

그런데 예수님을 따르는 길이 편안한 길이기를 바라는 사람이 얼마나 많은가. 조금씩 적응할 수 있다면 얼마든지 그분을 추구할 마음이 있다. 놀랍거나 불편하지만 않다면. 즉각적인 반응이나 지나친 행동을 요구하지 않는다면. 그러면 기꺼이 순종할 수 있다. 하지만 설령 그렇다 해도 그나마 알람이 반복되는 스누즈 버튼을 몇 번이나 누른 뒤에야 겨우 기지개를 편다.

하지만 알람이 부드러울수록 듣기가 힘들다. 오래 미룰수록 순종하기가 점점 더 싫어진다. 결국 해가 중천에 뜰 때까지 늘어지게 자기 십상이다. 예수님이 부르시는 일은 대개 위험하고 불편한 일이다. 우리의 일상이 흔들리고 모험적인 행동을 할 각오를 해야 한다. 벌떡 일어나 주님이 부르시는 일

속으로 뛰어들라.

다행히 예수님은 우리 한 사람 한 사람을 지극히 사랑하시기 때문에 귀가 먹은 사람들까지도 깨어날 수 있도록 계속해서 알람을 울리신다. 하지만 예수님이 충격 요법을 사용하시기 전에 미리 일어나 순종으로 반응하는 것이 어떤가? 예수님이 원하시는 시간은 지금이며 원하시는 날은 오늘이다. 예수님이 무슨 일을 시키시든 지체 없이 "예!"라고 대답하라.

오늘의 결단

예수님이 어떤 일을 시키셨는데 계속해서 미루고 있는가? 예수님이 어떤 사명으로 부르셨는데 계속해서 망설이고 있는가? 어떤 변화를 미루고 있는가? 선교 여행에 지원하라. 성경 공부 모임에 등록하라. 밖으로 나가 새로운 이웃을 만나라. 전화기를 들어 노숙자 쉼터의 봉사자로 자원하라.

38년의
기다림

예루살렘에 있는 양문 곁에 히브리 말로 베데스다라 하는 못이 있는
데 거기 행각 다섯이 있고 그 안에 많은 병자, 맹인, 다리 저는 사람,
혈기 마른 사람들이 누워 물의 움직임을 기다리니 이는 천사가
가끔 못에 내려와 물을 움직이게 하는데 움직인 후에 먼저 들어가는
자는 어떤 병에 걸렸든지 낫게 됨이러라. 거기 서른여덟 해 된
병자가 있더라. 예수께서 그 누운 것을 보시고 병이 벌써
오래된 줄 아시고 이르시되 네가 낫고자 하느냐?
- 요한복음 5:2-6

얼핏 예수님의 질문은 불필요해 보인다. 몸을 고쳐보겠다
고 치유의 연못 바로 옆에 누워 있는 장애인에게 낫고 싶으냐
는 질문을 하셨다. 나라면 그 질문에 화를 냈을지도 모른다.
"그럼 내가 선탠이나 하려고 여기 누워 있겠소?" 예수님은 왜
굳이 그런 질문을 던지셨을까?

생각할수록 이해가 된다. 나는 연못 주변을 어슬렁거릴

뿐 실제로 낫기를 원하지는 않는 사람들을 많이 봤다. 교회에 오는 것을 좋아하지만 예수를 믿고 변화될 마음까지는 없는 사람들, 목사의 설교는 재미있게 듣지만 오랫동안 몸에 익숙해진 '연못가'의 삶을 포기하고 싶지는 않은 사람들…. 그들은 물속에 들어갈 수 없다고 말하지만 실상은 들어가고 싶지 않은 것이다.

당신은 어떤가? 변화를 두려워하고 있는가? ("작은 집으로 이사를 해야 할 거야") 특정한 삶의 방식에 38년 동안 익숙해져 왔는가? ("사이좋은 부부는 아니지만 그래도 부부는 부부야") 치유되지 못한 사람들에 둘러싸여 있어 그리스도 안에서의 참된 자유가 무엇을 의미하는지 보지 못하고 있는가? ("적어도 나는 저 사람보다는 좋은 아빠야")

자신의 마음 상태에 대해 자신이 없는가? 아직도 스스로 할 수 있다고 생각하고 있는가? 하나님 나라를 위해 당신이 할 일이 별로 없을 거라고 생각하는가? 너무 늦었다고 생각하는가? 목적과 사명에 따라 살라는 하나님의 부르심을 느꼈지만 어떤 이유에서 행동하기를 주저하고 있는가? 하나님이 당장 물속으로 뛰어들라고 하시는데 연못가에서 빈둥거리는 삶에 너무 익숙해져 버렸는가?

하지만 예수님은 '내일'이란 단어를 좀처럼 사용하시지 않으신다. 그분은 언제나 '오늘'이라고 말씀하신다. 그분은 "지금 당장"이라고 말씀하신다. 에베소서 5장은 이렇게 강권한다. "너희가 어떻게 행할지를 자세히 주의하여 지혜 없는 자 같이 하지 말고 오직 지혜 있는 자 같이 하여 세월을 아끼라. 때가 악하니라. 그러므로 어리석은 자가 되지 말고 오직 주의 뜻이 무엇인가 이해하라"(엡 5:15-17).

자, 오늘이야말로 결심하기에 딱 좋은 날이다. 예수님의 제자로서 그분이 부르시면 '언제든지' '어디로든' 가서 '무엇이든' 하겠는가?

오늘의 결단

무엇을 포기했는가? 무엇에 익숙해져버렸는가? 세상을 변화시키거나 행동을 취하라는 하나님의 분명한 음성을 느꼈던 순간에 관해 생각해 보라. 어떤 음성을 들었는지 구체적으로 써 보라. 오늘 깊이 기도하고 나서 '물속으로' 뛰어들기로 결심하라. 그리고 흔들릴 때마다 격려하고 질책해 줄 친구에게 그 결심을 알리라.

제자의 기도 3

"제자로
 살겠습니다"

하나님, 당신을 따르는 것이 생각보다 훨씬 재미있었습니다. 그것은 실제로 당신을 찾을 수 있었기 때문입니다. 아니, 알고 보니 내가 당신을 찾은 것이 아니라 당신이 내내 나를 찾아 주신 것이었습니다. 절대 찾을 수 없는 대상을 찾는 것은 지루하고도 답답할 것입니다. 하지만 열심히 찾던 대상을 마침내 찾았을 때의 기쁨은 이루 말할 수 없습니다.

당신을 따르며 당신에 관해 하나씩 알아갈수록 매일의 삶이 점점 더 재미있어집니다. 물론 위험하다는 것도 잘 알고 있습니다. 창조의 하나님을 찾고 그분의 계획을 발견하는 것은 놀라운 모험입니다. 하나님, 내게 주실 사명을 알고 싶습니다. 나를 향한 당신의 뜻을 분별하기를 원합니다. 물론 첫 번째 임무는 이미 받고서 열심히 노력하는 중입니다. 그 임무는 바로 당신의 사랑을 받아들이고 예수님을 사랑하는 것입니다. 첫 번째 추구는 전심으로 당신을 사랑하는 것입니다. 그리고 두 번째 따름은 사람들을 진심으로 사랑하는 것입니다.

내가 고집을 부리고 소극적으로 굴 때도 변함없이 나를 제자로 삼아 주셔서 감사합니다. 당신의 말씀, 당신의 역사, 당신의 세상 속에서 당신의 마음을 볼 수 있습니다. 당신을 따름은 당신이 나를 사랑하시기 때문입니다. 그리고 당신을 찾은 덕분에 이 모든 따름이 보람있습니다. 먼저 나를 찾아와 주셔서 감사합니다. 이제 더 이상 팬이 아닌 제자의 삶을 살겠습니다.

아멘.